Margarete Kühne

Gott segnet anders

Erzählung aus dem Leben

Verlag der Francke-Buchhandlung
Marburg an der Lahn

CIP-Titelaufnahme der Deutschen Bibliothek

Kühne, Margarete:
Gott segnet anders: Erzählungen aus d. Leben / Margarete Kühne. –
Marburg an d. Lahn : Francke 1988
(Edition C : H, Heimatlicht ; Nr. 44)
ISBN 3-88224-638-3
NE: Edition C / H

3550 Marburg an der Lahn
Umschlaggestaltung: Gudrun Dresbach
Gesamtherstellung: St.-Johannis-Druckerei C. Schweickhardt
7630 Lahr-Dinglingen

Edition C, Nr. H 44

Von der Eisenbahn weg eilten die beiden Freundinnen nach Hause. Der eisige Wind blies hinter ihnen her, von den weißbeladenen Ästen der Kastanienallee wirbelten die Flocken wie in dichten Wolken auf die rasch Laufenden nieder, die mit aufgestellten Pelzkragen und tief über die Ohren gezogenen Mützen sich fester aneinander drückten.

»So ein Weihnachtswetter! Das liebe ich! Diesmal hält's an, paß auf, Gertrud!«

»Es sieht so aus, und es tun mir bei aller Freude die armen Leute leid, die weder Holz noch warme Kleider haben in dieser kalten Zeit.«

»Laß deinen Weltenjammer!« schalt die andere. »Dadurch machen wir die Armen nicht reich und sorgenfrei. Ich finde diese Lethargie genau so fruchtlos und unvernünftig wie das laute Feiern und Geldverschwenden in meinem Elternhaus. Unchristlich ist beides. Denn man soll das von Gott geschenkte Gut nicht planlos verwüsten, aber auch nicht aus übertriebener Ängstlichkeit heraus eine Freude verkrüppeln, die uns Gott rein und vollkommen geschenkt hat. Ich freue mich ganz toll über dieses Wetter. Es gehört zur Weihnachtsstimmung, und die Eisbahn gehört zu meinen nimmermüden Füßen. Schlittschuhlaufen ist das feinste Vergnügen, das ich kenne.«

Gertrud, die sanfte Professorentochter, wagte es nie, der viel temperamentvolleren Freundin zu widersprechen. Sie sagte nur leise: »Ich beneide dich um deine Fähigkeit, dich so restlos einer Sache hinzugeben. Bei mir kriechen immer allerhand Wenn und Aber mit, und mitten im schönsten Freuen hört der Genuß auf. Ich begreife nur nicht, daß du bei deiner Quecksilbernheit das Tanzen so wenig liebst.«

»Nicht das Tanzen als Bewegung«, versicherte die dunkeläugige Ilse. »Im Gegenteil liegt im Tanz etwas Befreiendes, Großes. Ich hasse nur das Ballgetänzel am Arm irgendeines Kavaliers. Im Wort ›irgendein‹ liegt meine Abscheu. Das scheinst du ja auch zu empfinden, Liebste; denn seit du heimlich verlobt bist mit Vikar Reiner, meidest du sogar unsere Hauskränzchen, und bei allem persönlichen Bedauern nehme ich deine Absage nicht übel. Hu, wie ich Silvester fürchte! Mama will es diesmal besonders großartig machen. Sie ist so glücklich, endlich eine erwachsene Tochter zu haben, der sie den Vergnügungshunger in den Magen schieben kann. Sie tanzt selber noch so gern, die lustige, schöne Mama. Weißt du, ich hätte beinahe Lust, mir irgendeinen Schaden anzutun, zum Beispiel den Fuß zu verrenken. Aber dann könnte ich nicht mehr Eislaufen gehen diesen Winter; und den Verzicht hielte ich nicht aus.«

Ilse zog die Freundin lachend durch das Gartentor, von wo aus ein ansteigender Tannengang zu einer prachtvollen Villa führte.

Langsam schritten die Mädchen den gepflegten, sandbestreuten Weg entlang. Gertrud blieb gedankenvoll stehen. »Und du mit diesem Herzen voll Frohsinn und heißer Begierde« – stammelte sie, »du traust es dir immer noch zu, als Missionarin in die weite Welt zu ziehen, wo du Verzicht auf alles –«

Weiter kam Gertrud nicht. Mit einer heftigen Bewegung

hatte Ilse ihren Arm aus dem der Freundin gezogen und blickte mit herausfordernden Augen auf die verlegen Dreinschauende. »Für ein hohes Ideal kann man alles opfern«, kam es fast drohend von ihren Lippen. »Je klaffender der Riß zwischen Vergangenheit und Zukunft, desto herrlicher. Aber freilich, hier sind wir wieder an dem Punkt angekommen, wo unser Verstehen ebenfalls klaffende Risse bekommt, und in dem Fall finde ich es traurig genug.«

»Liebe Ilse – so ganz mißverstehe ich dich vielleicht nicht«, versuchte die Blonde zu beschwichtigen. Aber mit festem Druck wehrte Ilse den bittenden Annäherungsversuch der anderen.

»Laß das sein, du hausbackenes Töchterlein!« sagte sie lächelnd, und der weiche Stimmton milderte den Spott, der trotzdem deutlich genug durchklang. »Werde du ein gutes, sorgsames Frauchen und horche auf jedes Wort, welches dir dein ehrwürdiger strenger Pfarrgemahl sagt. Stricke und stopfe mit der nötigen Andacht all die Socken und Söcklein und paß gut auf, daß dir über den Tränen, die du zusammen mit den jammernden armen Weiblein aus deiner Gemeinde weinst, die Suppe nicht anbrennt; denn diese Unachtsamkeit würde dein Herr und Gatte nicht so leicht verzeihen. Trost für die Armen, und daneben ein Stück Fleisch im häuslichen Topf – denn gute Worte sind billig und praktisch, das Pfarrgehalt reicht ja auch nicht für die ausgehungerten Mägen sämtlicher Gemeindearmen. – Ob dir der Braten schmecken wird, gewürzt mit den Tränen der klagenden Mütterchen? Du gefühlvolles Seelchen! Ach, ich würde ersticken in dieser Halbheit, aber ich beneide dich auch darum, daß du diese Abhängigkeit aushältst und sie dir als

Paradies ersehnst. Mich zieht's hinaus. Aus dem goldenen Käfig hinaus in die Wüste. Arm möchte ich sein, ganz arm, um so mehr Liebe geben zu können. Mit dem Elendsten sein Elend teilen und nur reicher als er sein an Liebe und dem Talent, sich zu freuen.« Hastig stieß Ilse diese Worte heraus. Sie grüßte zum Abschied die Freundin und eilte davon.

»Ilse!« rief diese ihr nach. »Wie oft hast du mir das schon gesagt, und dennoch – ich halte deine schöne Begeisterung für ein Strohfeuer, das nicht bis nach China brennen wird.«

»Dieser Zweifel, dieses Mißtrauen paßt zu deiner schwachen Seele«, tönte es zornig zurück. »Dann glaube halt nicht an mich, zweifle so lange, bis meine Briefe aus China dir den Beweis liefern werden, daß auch Strohfeuer einen ganzen Brand verursachen kann, wenn nur die richtige Unterlage vorhanden ist.«

Krachend schlug die Haustür hinter dem erzürnten Mädchen zu, und die bedächtige Gertrud schlich traurig über den Unmut der Freundin den Gartenweg zurück, den sie seit frühen Kinderjahren zu allen Jahreszeiten auf und ab gesprungen war.

Ilse aber eilte die Treppen hinauf, ließ sich die nassen Kleidungsstücke abnehmen und betrat dann, die kalten Wangen reibend, das gemütliche Zimmer, wo ihre Mutter ausnahmsweise allein saß und hocherfreut die Gesellschaft der Tochter begrüßte.

Sehr modern und geschmackvoll gekleidet, im gepflegten Gesicht kaum ein Fältchen, war Frau Ostholz eine auffallend schöne Erscheinung, der die siebzehnjährige Tochter nichts entgegenzusetzen hatte als ihre blühende Jugend. Die unregelmäßigen Züge verliehen dem Mädchenantlitz etwas

Trotziges, Verwegenes, man hätte es weit eher interessant als schön nennen mögen. Die schmale, leicht gebogene Nase, der kleine, aber vollippige Mund, die schräge Falte zwischen den dichten Brauen – alles war so eigen unharmonisch und wurde beherrscht von glutvollen dunklen Augen, die unheimlich düster starren konnten und in nächster Minute sprühen und glänzen, daß es eine Lust war, in sie hineinzuschauen. Das Haar lag in dicken, goldbraunen Zöpfen um den feingeformten Mädchenkopf und mußte nicht erst in kunstvollen Wellen um das Haupt geordnet werden wie bei der blonden Mama.

»Das ist fein, daß du allein bist!« frohlockte das junge Mädchen und schmiegte die kalte Wange an Mutters Schulter. Diese erhob sich nach flüchtiger Liebkosung und versorgte die Tochter mit heißem Tee.

»Trinke, Liebling, du bist ja ganz durchfroren. Muß auch ein Vergnügen sein, sich bei diesem Eiswind stundenlang draußen zu tummeln. Ein Plauderstündchen in der Sofaecke dünkt mich gemütlicher. War Dr. Werndloff wieder auf dem Eisplatz?« Vorsichtig tastend stellte die kluge Mama diese Frage. Sie war sich selbst nicht im klaren, ob sie eine Verlobung mit dem Reichsten ihrer weitläufigen Bekanntschaft herbeiwünschen sollte. Vielleicht hätte sie die einzige Tochter lieber noch ein paar Jahre als Deckmantel für die ersehnten geselligen Freuden im Hause behalten.

Ilse war beim Namen Werndloff leicht zusammengefahren. Sie versetzte in entschieden abweisendem Ton: »Für mich ist Eislaufen Sport, nicht Gelegenheit zu Tändelei.«

»Dr. Werndloff soll ein ebenso geübter Läufer sein, wie er

ein flotter Tänzer ist«, bemühte sich Frau Ostholz das Thema aufrechtzuerhalten.

Ilse stellte die Teetasse klirrend auf den Teller und erwiderte hochmütig: »Soll er sein? Weiß nichts davon. Mir läuft er jedenfalls zu schlecht.« Und mit verändertem liebenswürdigerem Stimmton begann sie rasch nach dem Silvesterball zu fragen, und ob endlich alle Antworten eingetroffen wären.

Nun war Frau Ostholz in ihrem Element. Sie zählte Dutzende von Namen auf, erklärte, beschrieb und schwärmte von all den zu erwartenden Ballgenüssen. Mit halbem Ohr nur hörte Ilse zu. Der heiße Tee und die Zimmerwärme hatten ihre Wangen glühendrot gemacht; zurückgelehnt in den Sessel, betrachtete die Tochter mit wachsendem Staunen die erregte schöne Mama, die in ihrem Kind nichts weiter sah als eine Puppe, welche sich stumpf lächelnd allen Anordnungen zu fügen hatte, die eine kühldenkende, oberflächliche Mutter als das Schönste und Köstlichste für sich und ihren Liebling ausdachte.

Der Redeschwall wurde durch das Eintreten des Vaters unterbrochen. Die schlanke Tochter schnellte auf und eilte ihm entgegen, beide Arme zärtlich um seinen Hals schlingend. Fest drückte der Kommerzienrat seine Einzige an sich und ließ sich von ihr in die gemütliche Ecke führen. Während die schöne Frau dem bedeutend älteren Gatten schmollend sein allzulanges Fernbleiben vorhielt, versorgte Ilse den gütig lächelnden Vater mit Tee und Sandwiches und setzte sich endlich auf ein niedriges Hockerchen dicht an seine Seite. Keinen Blick wandte sie von seinem würdevollen bartumrahmten Antlitz; alles, was an Liebe und Weichheit in der jungen Mädchenseele lag, gehörte ja diesem besten aller Väter, der sein Kind liebte und verstand, wie es die Mutter hätte verstehen sollen. Unbewußt suchte der tief und fein veranlagte Mann bei dieser gleichgesinnten Seele Schutz vor der stürmischen, anspruchsvollen Natur seiner jungen Gattin, die er trotz ihrer mannigfaltigen Fehler und den Enttäuschungen, die ihre oberflächliche Art ihm bereiteten, aufrichtig liebte und um ihrer herben Natürlichkeit willen schätzte.

Auch er hörte ihren wieder rasch aufgenommenen Festschilderungen still lächelnd zu, nickte hin und wieder und freute sich doch nicht weniger als Ilse, als Mutter ein Besuch gemeldet wurde, der nicht als intim genug beurteilt wurde, um in der Tee-Ecke empfangen zu werden. Frau Ostholz mußte sich also in den Salon bequemen, und sie seufzte beim Hinausgehen hörbar über die vielen Verpflichtungen, die man eben erfüllen müsse als Mutter einer heranwachsenden Tochter.

Eine Weile blieb es still zwischen den Zurückgebliebenen. Vater leerte seine Tasse und legte sorgfältig das kleine bestickte Mundtuch zusammen. Dann richtete er den Blick fragend auf seine Tochter, die noch näher an ihn herangerückt war und ihren Kopf plötzlich fest an sein Knie preßte.

»Papa, er ist einfach gräßlich, dieser Silvesterspektakel! Und sie meint wirklich, sie mache mir eine Freude damit.« Eine Unmutsfalte grub sich zwischen die dichten Brauen, in den dunklen Augen standen Tränen.

»Du mußt das nicht so tragisch nehmen«, ermunterte der Kommerzienrat, indem er seine schlanke Hand auf die umwölkte Mädchenstirn legte. »Ein froher Abend ist doch noch lange nicht das Schlimmste für ein junges Mädchen. Und bedenke, wie enttäuscht Mama sein würde, wenn sie diesen Tanzabend nicht arrangieren dürfte. Sie unterhält sich selber doch so gern.«

»Und die erwachsene Tochter ist ihr nur das geeignete Mittel zum Zweck«, versetzte Ilse erbittert.

»Du tust Mutter unrecht«, war der sanfte väterliche Tadel. »Sie kann es sich einfach nicht anders vorstellen, als daß du ebenso große Freude an dem Ball hast wie sie. Sie wuchs in Kreisen auf, die in rauschender Geselligkeit den Höhepunkt aller Freuden sehen, die hungrig sind, wenn sie sich aus diesem oder jenem Grunde ein solches Vergnügen versagen müssen. Und deine Mutter mußte sich's oft versagen in ihrer Ehe. Erst kamst du zur Welt, dann deine Brüder, die so jung starben. Später hinderte meine langwierige Krankheit sie daran; ein Trauerfall nach dem andern trat ein. Mutter murrte nie; sie konnte entsagen, aber im geheimen hungerte sie. »Endlich, endlich darf ich satt werden!« rief sie vor zwei Jahren, als sie das Trauerkleid um ihren Vater ablegte. Und ich erkannte erst, was die lebensfrohe Frau all die Jahre entbehrt und tapfer getragen hatte. »Ilse ist nun ballfähig, nun gibt es keine Ausrede mehr, guter Alter. Zwei junge tanzlustige Frauen gegen dich, Misanthrop! Die Mehrheit entscheidet, und die schreit nach Leben und Heiterkeit!« So deine Mutter. Konnte ich ihr wehren? Ich fügte mich, und meine vernünftige Tochter wird sich ebenfalls fügen.«

Ein warmer Vaterkuß streifte die Wange des Mädchens, und sie senkte, beschämt von seiner Milde, ihre Augen. »Ich will folgsam sein, Papa«, flüsterte sie ergeben. »Es dauert ja nicht mehr lange. Im Sommer mache ich Matura, und dann –«

»Studierst du Philosophie oder die Lieblingsgerichte deines Ehegatten«, suchte der Vater zu scherzen.

Aber Ilse richtete sich jäh auf und saß kerzengerade neben dem alten Herrn. »Ich gehe auf die Missionsschule, Papa. Dahin kann auch deine Vaterliebe und Fürsorglichkeit mir nicht den Weg verbauen.«

Die energische Art und Weise hatte ihren Eindruck nicht verfehlt. Besorgt blickte der Kommerzienrat auf seine hitzige Tochter, wenngleich er auch weit entfernt war, mit der Möglichkeit einer Ausführung dieses Entschlusses zu rechnen. »Du bist zu jung, um die Tragweite deines Lieblingswunsches zu ermessen«, war seine freundliche Antwort. »Der Menschheit dienen kann man auch auf andere Weise. In meinem Elternhaus hielt man etwas auf zweckmäßigere Einteilung der Zeit, als es hier geübt wird. Meine Mutter betätigte sich in Missionsvereinen und Nähkränzchen, mein Vater war jahrelang Presbyter der lutherischen Kirche. Eine Tante war sogar Diakonisse, und unser Familienleben hatte einen streng christlichen Charakter. Glaube mir deshalb, Ilse, ich freue mich über deinen Drang, Liebes und Nützliches zu tun. Doch es gibt überall Not, die man lindern kann, und die Heiden sind nicht die ersten und letzten, die unserer fürsorgenden Liebe bedürfen.«

Ilse hatte immer heftiger den Kopf geschüttelt. »Ich will nicht ein bißchen Wohltätigkeitsdame spielen«, brachte sie trotzig hervor. »Ich gehe aufs Ganze, in allem. Ich will dienen und all die Liebe anbringen, die ich im Herzen habe.« Die Mädchenaugen blitzten, unwillkürlich griffen beide Hände an die Brust, als müßten sie die Fluten hemmen, die da verborgen schäumten und nun auszubrechen drohten.

Mit bewegtem Antlitz schaute der Vater auf sein in dieser Leidenschaft so schönes Kind. »Nie möchte ich deine Liebe zurückdrängen, feurige kleine Ilse. Ich möchte dir nur helfen, sie in die richtige Bahn zu lenken und den Platz zu finden, wo sie sich recht auswirken kann.«

»Das kann nur in der Mission geschehen.«

»Es gibt auch Innere Mission.«

»Die hat mich nie in dem Maß interessiert. Es muß solche und solche Menschen geben.«

»Und meinst du nicht, daß ›die solchen‹, die den entsagungsvollen, harten Weg in die fremden Erdteile gehen, ganze, fertige Menschen sein müssen?« Der Kommerzienrat sagte diese Worte sehr milde und herzlich; Ilse wagte nicht, mit unartiger Rede dieser treuen Vatermahnung zu begegnen.

»Ganz, Vater? Das ist meine Losung in allem und immer. Und fertig – kann ich mit Gottes Hilfe wohl auch einmal werden. Erst kommt ja die Missionsschule; darüber vergehen wieder etliche Jahre.« Sie sagte es ganz demütig und sah bittend zu dem alten Herrn auf. »Nicht wahr, ich darf, Papa?«

Fest umfaßte er die geliebte Tochter, als wolle er sie nie aus den schützenden Vaterarmen lassen. »Ich will nachdenken«, gab er ruhig und gütig zurück, aber die Tochter fühlte es, seine Worte waren eine Abweisung und aus einem verständnislosen Herzen herausgeboren. Traurig begab sie sich in das eigene Zimmer.

Im Sofawinkelchen, unter dem schrägen chinesischen Schirm ließ sie sich kummervoll nieder. Sie verschränkte die Hände über dem hochgezogenen Knie und starrte in das gedämpfte Licht der rosaverhangenen Lampe. »An diesem Punkt scheitern sie alle«, dachte sie bitter. »Nicht nur Mutter und Gertrud stehen lächelnd beiseite, auch er, er hält mich für eine Phantastin, für ein unreifes, eigenwilliges Ding.«

Wie diese Entdeckung schmerzte! Und er wußte doch, daß dieser Zukunftstraum in ihr wohnte, solange sie denken konnte, daß er nicht die Regung einer flüchtigen Mädchenlaune war. Oft und oft hatte sie von ihren Plänen und Hoffnungen gesprochen, und Vater hatte immer aufmerksam zugehört und zuletzt gesagt: »Das liegt heute noch in weiter Ferne, liebe Ilse; wir sprechen wieder einmal darüber.« Also war seine Schlußäußerung jedesmal eine hoffnungsreiche Ausrede gewesen, und er rechnete mit der Unbeständigkeit der heranwachsenden Tochter. Und im Inneren lächelnd über den Eifer der Vertrauensvollen, war dieser angebetete Vater dagesessen, während ihr Herz und Mund überfloß in wachsender Begeisterung.

Warum nahmen sie sie nicht ernst? Hatte sie je einen Beweis geliefert, daß sie irgendwo auf halbem Weg stehengeblieben war? Nein, Unentschlossenheit oder Inkonsequenz konnte ihr niemand nachsagen. Sie hatte alles, was sie mit Lust begann, energisch zu Ende geführt. Auch das Gymnasialstudium hatte sie durchgesetzt, hatte in wenigen Jahren Latein und Griechisch nachgeholt und würde nun im Sommer ihre Matura machen. In dieser Richtung konnte der Vertrauensmangel ihrer nächststehenden Menschen nicht Wurzeln gefaßt haben.

Was war es aber dann? Auf was gründeten sie das Mißtrauen? Vielleicht auf die Verweichlichung in ihrer Erziehung? Daß sie als verwöhntes Töchterlein nie imstande sein würde, ein Leben der Aufopferung, der Entsagung zu tragen?

Unwillkürlich blickte sich Ilse im teppichbelegten, niedlichen Mädchenzimmer um. Ein gemütliches Feuer prasselte im Kamin, fürsorgliche Hände hatten Schuhe und Kleider für den Abend bereitgelegt und auf ein Klingelzeichen würde die Zofe erscheinen, um nebenan ein Bad herzurichten oder weitere Befehle des gnädigen Fräuleins entgegenzunehmen. Nach angeregter oder auch langweiliger Abendunterhaltung studierte oder las das gnädige Fräulein dann bis spät in die Nacht hinein, ließ sich schlaftrunken die Morgenschokolade ans Bett bringen und beschäftigte sich dabei mit dem Tagesprogramm, welches ausschließlich aus zwei Hälften bestand: Studium und Unterhaltung.

Aber gerade dieses zum Teil inhaltsleere Leben haßte Ilse. Das Studium söhnte sie aus mit der zweiten Hälfte, die gewiß auch viel Schönes und Erfreuliches in sich barg, ein Leben jedoch nicht ausfüllte. Und erst recht nicht, wenn sie nach bestandenem Examen weiter um sich griff und drohte, die größere Hälfte zu werden. Ein Ichleben blieb es auf alle Fälle, auch bei edelstem Streben auf allerlei Kunst- und Lerngebieten. Das Herz blieb leer.

Gewiß, es würde nicht leicht sein, mit all dem Gegenwärtigen zu brechen, sich hineinzufinden in ein Leben der Armut, der Entbehrung. Ilse wußte, daß es auch in dieser

Sache nichts Halbes gab; es galt sich loszureißen von lieben Gewohnheiten, aus sorglosen Höhen in unsichere Tiefen zu steigen. Doch es lag ein eigener Reiz in diesem freiwilligen Drangeben aller rechtmäßigen Güter. Und die fernen Länder mit all ihren Schönheiten und Gefahren lockten ebenso stark wie das Herz in Liebe und Mitleid für die armen, unwissenden Heiden schlug.

Ilse hatte in ihren Missionsbüchern gelesen, daß die Liebe zum Heiland die Menschen zu den gelben und schwarzen Brüdern und Schwestern trieb. Dieses oft betonte Bekenntnis der Missionare hatte das Mädchen stets stutzig gemacht. Liebe zum Heiland – sie kannte sie nicht in dem Maße. Sie hielt dieses Sichhingeben an den Sohn Gottes nicht für notwendig; eher verurteilte sie es als Gefühlsüberschwang. »Um Jesu willen die Menschen lieben« erschien ihr ein Umweg, und sie war gewohnt, geradewegs aufs Ziel zuzusteuern. Sie liebte die Heiden um ihres Elends, um ihrer geknechteten Seele willen. Friede und Freiheit wollte sie ihnen verkünden, sie loslösen von den Ketten des Aberglaubens und sie hinführen in die Arme des liebenden Gottes.

»Auch mir wird Gott helfen«, war Ilses Zuversicht. Lautete nicht ihr Konfirmationsspruch: »Meine Kraft ist in dem Schwachen mächtig«? Ihre Augen suchten nach dem Gedenkblatt, das über ihrem Bett hing; es war das einzige Bild in der ganzen Wohnung, welches an ein christliches Haus erinnerte. Mit den Anfangsworten des Spruches hatte Ilse nie viel anzufangen gewußt. Zu selbstvertrauend und zielbewußt war ihr ganzes Wesen, um die Freundlichkeit des himmlischen Vaters dankbar zu verstehen, der einen Paulus tröstete: »Laß dir an meiner Gnade genügen!«

Was hieß Gnade? Und Genügen? Das klang wie halbes Entsagen. Aber Ilse ging aufs Ganze, aufs Entweder-Oder. »Kraft«, ja, das war eine bessere Fortsetzung: »Gottes Kraft in mir, wenn ich schwach werden und Heimweh verspüren sollte. Leicht ist mein Entschluß ja nicht, doch er steht, und ich werde mir meine Zukunft erkämpfen, ich habe noch nie die Waffen gestreckt. Und hier streite ich um das Glück, den Inhalt meines ganzen Lebens.«

Am nächsten Tag machte sich das Mädchen auf den Weg zu ihrem alten Pfarrherrn. Er hatte sie konfirmiert und würde sich freuen, zu erkennen, daß ihre Liebe zur Mission noch genauso brannte wie vor drei Jahren. Er würde ihre Sehnsucht verstehen, ihr raten und helfen. Seine eigene Tochter war die Frau eines Missionars geworden, der seit Herbst in der Heimat weilte und so ergreifende Schilderungen aus China erzählte, daß Ilse keinen der drei Vortragsabende versäumt hatte.

Der Pfarrer saß gerade allein in der Kanzlei und begrüßte aufs wärmste seine einstige Schülerin, die zu seinen Lieblingen gehört hatte und nicht bloß als vergessener Name im gewissenhaft geführten Konfirmandenbuch aufgezeichnet stand, sondern einen Platz im Herzen des treuen Seelsorgers behalten hatte.

Vertrauensvoll schüttete Ilse ihm ihr Herz aus, so wie sie es kurz vor der Einsegnung einige Male getan hatte, als Zweifel das kritisch veranlagte Mädchen gequält und beinahe vom Konfirmationsgelübde ferngehalten hatten. Damals hatte Pfarrer R. es wunderbar verstanden, die junge kämpfende Seele aufzurichten und frei zu machen von allen peinigenden Zweifeln. Und um ihr Trost zu verleihen, zugleich aber auch dem Selbstbewußtsein des allzu resoluten Mädchens entgegentretend, hatte er den Spruch aus dem zweiten Korintherbrief für sie gewählt, welcher der Empfängerin bis heute nur halbe Befriedigung gegeben hatte.

Der alte Herr ließ das Mädchen ausreden. Er war erstaunt, soviel Feuer in diesem jungen Wesen zu finden, ein Feuer, das umso heftiger brannte, je stärker das Weltliche ihrer Umgebung hineinblies. Dennoch wußte Pfarrer R. nicht, ob er sich freuen sollte. Was er vorausgesehen hatte, war eingetroffen. Die starke Natur des Mädchens wollte sich wie überall auch hier durchsetzen, das Selbstvertrauen im Eifern um ihr Recht krankhaft steigernd, zum erstenmal vielleicht die Schwierigkeiten unterschätzend, in die sie sich trotzig begeben wollte.

»Liebes Kind, sind Sie sich auch ganz klar darüber, daß Gott Sie in den Missionsdienst ruft, daß er Ihre Kräfte für diesen Dienst gebrauchen will?« war endlich seine väterlich mahnende Frage.

Sehr überrascht begegneten ihm die dunklen Mädchenaugen, in die sich augenblicklich ein kalter, hochmütiger Blick schlich. »Ich will es, Herr Pfarrer«, sagte sie ruhig. »Und ich kann mir nicht denken, daß Gott den Wunsch eines heißfühlenden Mädchens zurückweist, das alles lassen will, um seine Jüngerin zu werden. Denken Sie doch an das Gleichnis vom reichen Jüngling, Herr Pfarrer!«

Vorsichtig räusperte sich der alte Herr. »Hm, da erging doch zuvor die Aufforderung Jesu an den Jüngling?«

»Und ich komme dieser Forderung zuvor. Ich biete mich

von alleine an, mit allem, was ich habe«, versetzte Ilse zuversichtlich und selbstsicher.

Ein Weilchen überlegte der treue Seelsorger, er wollte so gern die rechte Antwort geben. Endlich glaubte er sie gefunden zu haben. »Ich zweifle keinen Augenblick an Ihrer Hingebung und Ausdauer, liebe Ilse«, sagte er und sah dem jungen Mädchen sehr mild in die verlangenden Augen. »Es mag auch sein, daß der Herr Sie berufen will zu diesem schönen und schweren Dienst. Nichts liegt mir ferner, als Sie in Ihrem Entschluß, der mich im Herzen innig freut, wankend zu machen. Nur kann ich nicht anders, als Sie bitten, doch zuerst noch einmal in die Stille zu gehen vor Gott und Ihn zu fragen, ob es wirklich sein Wille ist. Ihr Wille genügt nicht; es muß Gottes Siegel auf dem Empfehlungsbrief stehen, den Sie der Missionsschule überreichen. Dann will ich mit Freuden die Hände auf Sie legen, liebes Kind, und Sie für diesen Zukunftsweg segnen.«

Noch manches gute Wort hatte er für seine frühere Schülerin, und er zeigte ihr an biblischen Beispielen, was Menschen in der Kraft Gottes ausrichteten, die sich vordem geirrt hatten und beinahe Schiffbruch erlitten.

Recht eigen waren die Gefühle, mit denen Ilse Ostholz die Pfarrkanzlei verließ. Langsam stieg sie die finstere Holztreppe abwärts, um den Mund ein eigenwilliges Lächeln. »Wie bedenklich und vertrauensarm die Menschen alle sind!« murrte sie verächtlich. »Anstatt froh und dankbar zu sein, wenn sich eine von uns Reichen so frei entschlossen zum Dienst meldet, machen sie Schwierigkeiten, drehen Ausreden zurecht und wollen einen ins Bockshorn jagen. Hätte das von meinem lieben, klugen Pfarrer nicht gedacht.

Wenn es die Herren so treiben, ist es natürlich kein Wunder, daß sich so wenige zur Mission finden. Ein weniger beherztes Wesen muß ja eingeschüchtert werden bei solcher Behandlung. Warum vertrauen sie mir denn alle nicht? Ist es wirklich mein Reichtum, mein vornehmes Auftreten, das sie blendet und ängstlich macht? Kann denn nicht auch im verwöhntesten, goldumhüllten Menschen eine starke Seele wohnen?«

Durch die Haustür, die ein heftiger Windstoß ihr aus der Hand riß, trat Ilse ins Freie. Schnee trieb ihr entgegen, direkt ins zorngerötete Gesicht. Aber das frische, junge Ding lachte, sie hatte dieses Wetter gern, und es paßte zur Sturmstimmung ihres Herzens.

Und jetzt gerade werde ich es ihnen allen zeigen, beweisen, daß eine Ilse Ostholz immer durchführt, was sie sich vorgenommen hat. Es wäre das erstemal, daß sie versagte. »Auf nach China!« Heiß begehrte es auf in ihrem eben noch so erzürnten Herzen. Sie zog die Pelzmütze tiefer ins Gesicht und kämpfte sich tapfer durch den Schneesturm nach Hause. Nahe ihrer Villa traf sie mit Gertrud zusammen, die sich sofort an die geliebte Freundin herandrückte und ängstlich blickend fragte: »Bist du mir noch böse wegen gestern?«

Ilse, gewohnt an die Nachgiebigkeit der sanften Vikarsbraut, entgegnete lächelnd, daß Gertrud eher Ursache gehabt habe, erzürnt zu sein. »Ich war häßlich zu dir«, gestand sie ohne Scheu. »Aber ich konnte nicht anders.«

Die Blonde war zu Tränen gerührt über das Entgegenkommen der meist rechthaberischen Freundin. »Ich möchte dich so gern verstehen lernen, Ilse« meinte sie voll Innigkeit.

»Vielleicht gelingt es mir doch immer besser. Ich finde es bloß so entsetzlich, allein in die finstere Heidenwelt zu gehen, noch dazu von deiner stolzen, satten Höhe herunter. Wenn du wenigstens als Gattin eines Missionars, unter seinem Schutz und Schirm, dieses deinem jetzigen Leben völlig zuwiderlaufende Dasein wählen würdest. Aber allein –«

»Um dem heimkehrenden Mann Suppe zu kochen und seine Bücher abzustauben? Nein, Gertrud. Wenn ich gehe, so will ich gehen als eigener Herr, und nur der Heiden Knecht. Ich bin zu selbständig, als daß ich meinen Herrn Gemahl um Erlaubnis und Schutz bitten möchte. Nebenbei bemerkt habe ich erst einen einzigen Missionar kennengelernt, der mir voll und ganz imponiert, von dem ich mir wohl vorstellen könnte, daß ich mich ihm unterordnete. Das ist Missionar M., der Schwiegersohn unseres Pfarrers. Glücklicherweise ist er verheiratet, und ich gehe also allein nach China.«

Übermütig lachte das junge Ding und verabschiedete sich von der Freundin, die ihr noch eine Weile kopfschüttelnd nachblickte.

Ilse hatte nicht vergessen, was Pfarrer R. ihr nahegelegt hatte zu tun. Zu Hause angekommen, rief sie sich alle seine Worte zurück und blätterte in ihrer Bibel die Stellen nach, die er angeführt hatte. Sie las von Jakob, der stolz ausgezogen war und mit seinem Gelübde: »So du mich behüten wirst – so sollst du mein Gott sein«, Gottes Schutz und Hilfe erzwingen wollte. Wie demütig sprach er nach zwanzig Jahren der Prüfung und der Arbeit: »Herr, ich bin nicht wert aller Barmherzigkeit und Treue, die du an deinem

Knechte getan hast.« – Und sie überdachte das Leben des Apostels Petri, dieses feurigen und selbstbewußten Mannes, der so elend scheiterte und still und beschämt am See Tiberias vor seinem Herrn stand.

Ilse saß lange in ihrem Zimmer und bemühte sich, den Werdegang dieser Gottesmänner zu begreifen. Ihr Resultat blieb trotz allem Bestreben das gleiche: Demut macht klein und zaghaft, ohne Selbstvertrauen ist der Mensch ein armseliges Wrack im wilden Lebensmeer. »Solange ich an mich glaube, werde ich gewiß mehr leisten, als wenn ich meine Hände ängstlich in den Schoß lege und bei allem erst frage: ›Ist es auch recht so, lieber Vater im Himmel?‹ Nein, mutig vorwärts, und Gott wird sich segnend zu mir bekennen. Er liebt tatenfrohe Menschenkinder.«

Doch Ilse Ostholz wollte den Rat ihres Seelsorgers nicht in den Wind schlagen. Sie faltete ihre Hände und betete zu Gott, er möge ihr kundtun, was sein Wille sei. Mit geschlossenen Augen saß sie dann eine Weile still, auf die innere Stimme lauschend. Und da der Wille und ihre Sehnsucht so voll und ganz ihre Seele beherrschte, war es kein Wunder, daß sie deutlich vermeinte, die innere Stimme »ja« sagen zu hören.

Um ganz sicher zu gehen, wollte sie es noch mit etwas anderem versuchen. Sie hatte gehört, daß die Leute in schwierigen Lebensfragen die Bibel aufschlugen und das zuerst ins Auge fallende Wort als Losung und Weisung erkannten. Ilse versuchte es also auch auf diese Art; aber obgleich sie das heilige Buch dreimal öffnete, konnte sie auf den aufgeschlagenen Seiten nichts lesen, das einigermaßen für ihre Lage gepaßt hätte.

Endlich holte sie zwei Papierstreifen und schrieb auf den einen: »Bleibe im Lande und nähre dich redlich!« Auf den andern setzte sie mit zitternder Hand: »Gehet hin in alle Welt!« Sie kehrte die Blätter um, legte sie vor sich auf den Schreibtisch und schloß die Augen. »Welches werde ich ziehen?« dachte sie und hob langsam den Arm. Im selben Augenblick fuhr, von einem Windstoß gerüttelt, das schlecht zugehakte Fenster auf, und beide Streifen flatterten auf den Teppich. Das Mädchen bückte sich hastig und sah, daß ein Zettel still und weiß dalag, während der andere sich knisternd aufrollte und höhnisch die Worte wies: »Bleibe im Lande!«

Ärgerlich packte Ilse die Papiere und knüllte sie zusammen. »Das ist alles Dummheit! Ich gehe trotz alledem nach China.«

Im Haus herrschte Ballstimmung. Es gab eine Menge vorzubereiten, und die Haustochter sah sich genötigt, mitzuhelfen. Da es der letzte Silvestertanz war, den sie mitzumachen gedachte, gab sie sich willig allen an sie gestellten Anforderungen hin und entzückte die unermüdlich tätige Mama durch ihr fröhliches Geplauder und manch netten Einfall. »Du hast das Zeug in dir, Überraschungsabende in großem Stil zu arrangieren«, lobte Frau Ostholz. »Unser Haus wird noch berühmt werden wegen seiner originellen Art und Weise, Feste zu inszenieren. Das ›Neue Jahr‹ also gibst du; die Verkleidung ist deine Sache. Ich erwarte etwas besonders Feines. Letztes Jahr bei Riemers erschien die Hausfrau in Zigeunerinnengestalt und wahrsagte allen Gästen. Mir prophezeite sie ein glückhelles Jahr; es ist auch eingetroffen. Hei! Und im nächsten soll es noch feiner werden! Wenn du erst diese anstrengende Studiererei hinter dir hast – unter drei großen Hausbällen tue ich es dann nicht im Winter.«

»Aber Mama!« lachte Ilse erschrocken und wußte nicht, was sie erwidern sollte. Sie wollte der heiteren Frau nicht die Stimmung verderben.

Zwei Tage vor Silvester saß Ilse allein in der Tee-Ecke und studierte Physik. Mama war in die Stadt gefahren, Besorgungen zu machen, und Papa war glücklicherweise auch nicht zu Hause. Ilse wäre ein Alleinsein mit ihm nicht behaglich gewesen nach der letzten Aussprache. Ein Groll wohnte noch in ihrem Herzen. Die Erkenntnis, daß auch er sein Kind nicht verstand, hatte zu weh getan. Ilse mußte erst mit sich fertig werden und trachten, daß die zärtliche Kindesliebe wieder die Oberhand gewann.

Es läutete. »Hoffentlich kein Besuch!« sagte das Mädchen stirnrunzelnd. Doch schon brachte das Stubenmädchen auf einer Silberschale eine Visitenkarte herein.

Ilse nahm sie, las und errötete vor Freude. »Das ist ja Missionar M.! Wie gut, daß ich zu Hause blieb. Sie können ihn gleich hierherführen, Minna, und gießen Sie noch etwas Tee nach!«

In der nächsten Minute stand der Missionar vor ihr. Ein großer blondbärtiger Mann war er, anfangs der Vierzig. Aus dem gebräunten Antlitz leuchteten zwei entschlossene schöne blaue Augen. Ilse begrüßte den Eingetretenen mit ungewöhnlicher Wärme. Sie freute sich ja so aufrichtig über diesen Besuch, der ihr wertvoller vorkam als das ganze Menschengewimmel übermorgen abend. Sie bediente den verehrten Gast mit Tee und Bäckerei und freute sich, weil er so dankbar und frisch zugriff.

Ohne viel Umschweife kam der Missionar auf den Zweck seines Besuches zu sprechen. Er zog einen großen Bogen aus der Tasche und erzählte, daß er Geld für seine armen Chinesenkinder sammle, deren Eltern bei einem Dorfbrand umgekommen wären, und die jetzt mausenackt und schutzlos daständen. »Ich hoffe, eine ordentliche Summe mitnehmen zu können, wenn ich im Frühjahr wieder hinausfahren darf.«

Berührt und erschüttert von dem geschilderten Elend erhob sich Ilse, um einen Beitrag zu holen. Mit Schrecken sah sie, daß ihre Barschaft so gering war, daß sie sich schämte, dieses Scherflein anzubieten. »Daß er am Ende des Monats auf Bettel geht, ist nicht ganz schlau von dem lieben Mann«, dachte sie. »Aber er soll nicht zu kurz kommen; die 50 Mark sind entschieden zu wenig.«

Kurz entschlossen griff sie in ihre Schmuckkassette und entnahm ihr einen kostbaren Ring. Er war ihr neben ihrem Diamantkreuz das liebste Stück; deshalb opferte sie ihn. »Für die Chinesen gebe ich alles«, frohlockte sie, und mit dem Ausdruck größter Selbstverständlichkeit überreichte sie dem Missionar ihre Gabe. »Ich habe nicht mehr Geld am Monatsende«, lächelte sie liebenswürdig. »Und meine Eltern sind leider nicht zu Hause. Aber dieser Ring wird wohl ein Chinesenkind eine Zeitlang über Wasser halten.«

Der Missionar verneigte sich tief vor dem jungen Mädchen, so überrascht und dankbar war er über das wertvolle Geschenk. Er wäre mit den 50 Mark allein vollauf zufrieden gewesen. »Wenn jedes reiche Haus annäherend soviel gäbe

– es würde besser um unsere Missionsarbeit stehen«, versicherte er mit warmem Blick.

Ilse war überglücklich. Geschickt wußte sie das Gespräch immer tiefer auf die Arbeit auf den Missionsfeldern zu bringen, und es dauerte nicht lange, da wußte der verehrte Gast, welch glühender Wunsch das Mädchenherz erfüllte.

Auch er erschrak. Sein klarer Blick erkannte sogleich, daß hier nicht die Liebe Christi trieb, daß vielmehr die Besonderheit dieser Laufbahn das an und für sich gute Mädchen begeisterte und reizte. Er unterließ daher nicht, das Leben draußen mit all seinen Schrecknissen und Entbehrungen auszumalen.

Ilse lachte dazu. »Je düsterer, desto verlockender. Ich kenne das übrigens alles aus Büchern und Zeitschriften. Ich habe seit frühester Kindheit den Hang zur Mission und habe massenhaft gelesen.«

Freundlich wies der Missionar darauf hin, daß es ja auch in der Inneren Mission soviel zu wirken gäbe, daß es überall an hingebenden, aufopferungsvollen Frauen fehle.

»Ich will aber ausgerechnet nach China«, beharrte Ilse. »Und Gott will auch«, fügte sie rasch hinzu, um einer Frage, ähnlich der des Pfarrers, vorzubeugen.

»So – will er?« fragte der Missionar gedehnt. »Nun, wir werden sehen. Denn ein warmes Herz allein genügt nicht. Gott muß überall als der Erste und Letzte dabeisein. Was täten Sie wohl, wenn er Ihnen heute ein deutliches ›Nein‹ entgegenstellte?«

»Sehr böse auf ihn sein«, erwiderte das Mädchen prompt.

»Hm – und wenn er hinzusetzte: Bleibe lieber in der Heimat und hilf mir da – sei's im Diakonissendienst oder –«

»Diakonisse? – Entsetzlich, Herr Missionar!« wehrte Ilse erschrocken.

»Wieso?« fragte der Gast streng. »Wenn man Gott dienen will, ist es einerlei, wo und in welchem Gewand man es tut.«

»Das ist bestimmt nicht wahr!«

»Gott fragt vor allem nach dem ›Wie‹. Wie hast du mir gedient?« fuhr der Missionar unbeirrt fort. »Und als dankbarer Gast und als Bote Gottes sage ich Ihnen heute, liebes Fräulein – dienen Sie Gott in der Stille! Vorläufig wenigstens, bis er Sie ruft. Ebenso nötig wie ausziehende Missionarinnen haben wir die Missionsfreunde in der Heimat, treue Beter hinter der Front, die ihre Hände erheben und Segen erflehen. Und dazu vor allem will Gott Sie jetzt brauchen, das fühle ich. Behalten Sie Ihre brennende Liebe für China, sie wird nicht umsonst von Gott in Ihr Herz gegeben worden sein. Vielleicht kommt später die Zeit, wo er Sie noch anders gebrauchen will. Erzwingen Sie aber nichts! Arbeiten Sie nicht gegen seinen Willen!«

Ilse war keiner Antwort mehr fähig. Es brauste in ihrer Seele, mechanisch streckte sie ihre Hand dem sich verabschiedenden Mann hin.

»Gott segne Sie und Ihr Haus!« sagte Missionar M. mit großer Herzlichkeit. »Ich werde ihre Güte nicht vergessen, und Sie sollen bald aus China etwas über unsere frohen Kinder hören. Ich denke an Sie im Gebet. Auf Wiedersehen!«

Nachdem er gegangen war, stand Ilse eine ganze Weile mit schlaff hängenden Armen da. Dann kauerte sie sich tief hinein in die Sofaecke, wo sie noch kurz zuvor dem verehrten Gottesmann gegenübergesessen hatte, und schluchzte bitterlich. Etwas in ihr war zerbrochen, sie konnte sich jedoch noch keine Rechenschaft über ihre Gefühle geben. Klar empfand sie nur das eine: Menschen verließen sie; sie mußte Gott fragen und seine Entscheidung erbitten.

Am Abend kniete sie vor ihrem Bett; sie hatte seit ihrem Konfirmationstag nicht mehr so inbrünstig gebetet. Als sie sich nach langen Minuten wieder erhob, war es stiller in ihr geworden. Sie konnte lächelnd sagen: »Wie er will.« – »Aber er wird ja wollen«, setzte sie zuversichtlich hinzu.

Auf ihre liebsten Menschen behielt sie jedoch den leisen Groll. Zu schwer hatten sie ihr vertrauensvolles Herz enttäuscht. Merkwürdigerweise vermochte sie diese Mißstimmung nicht auch auf Missionar M. zu übertragen, und er war ihr doch eigentlich am schärfsten entgegengetreten, hatte ihr am wehesten getan.

Vor seiner eindrucksvollen Gestalt machte ihr Zürnen jedesmal halt; in ihr regte sich schmerzliches Staunen, sooft sie an ihn und seine strengen, ehrlichen Worte dachte. »Seine Augen sind klar und durchdringend, sie offenbaren und sprechen die Wahrheit. Zehn Diamantringe hätten ihn nicht bewegen können, ein anderes Urteil über mich zu fällen.«

Und es wurde dem jungen Mädchen zugleich peinlich bewußt, daß der laute Silvesterabend im »wohltätigen« Kommerzienratshause Summen verschlingen würde, die wohl reichen könnten, ein paar Chinesenwaisen eine Zeitlang zu versorgen. Dieser Gedanke quälte das liebevolle Mädchen, und sie fand nicht eher Ruhe, bis eine Idee sie beflügelte, die sie klopfenden Herzens zu einem Plan ausarbeitete. Dann schlief sie befriedigt ein.

Die Silvesterfestlichkeit war im vollen Gange. »Hochbetrieb«, wie Ilse sich ausdrückte; und sie stellte fest, daß die heute besonders schöne junge Mama am fröhlichsten und lautesten mitfeierte. Um halb zwölf verschwand das junge Mädchen und atmete erleichtert auf. Dr. Werndloff und ihr Vetter, ein neugebackener Dr. med., hatten ihr zu stark zugesetzt und keinen Tanzschritt erspart.

Auch jetzt hatte sie sich kaum befreien können, um ungestört in ihr Zimmer zu gelangen. Rasch war sie umgekleidet, und eine knappe halbe Stunde später erschien sie im Tanzsaal, wo sich die Gesellschaft in gespanntester Erwartung vollzählig versammelt hatte.

Die Musik im Nebenzimmer setzte aus, es herrschte andächtige Stille. Mitten im Kreis der Gäste stand ein hochaufgeschossener Chinesenjunge. Der dicke Zopf hing über sein buntgesticktes loses Gewand, er rührte seine Schellentrommel und begann sich in eigenartigem Tanzschritt zu bewegen. Jubelrufe aus der Gesellschaft umschallten ihn. Aber mit abweisender Gebärde setzte sich der Chinese auf ein Polster nieder und begann in tiefem Tonfall ein Klagelied zu singen und zu sprechen. In farbenprächtigen Bildern erzälte er von seiner Heimat, beweinte das Schicksal seiner im Dorfbrand umgekommenen Eltern und schilderte mit beredten Worten den Jammer der 34 Waisenkinder, die zwar liebevolle Aufnahme in der evangelischen Missionsschule gefunden hätten, für die aber kein Geld vorhanden sei, da ja die Missionen selber zu kämpfen hätten in dieser schweren Zeit.

Und mit der Schellentrommel, die er auf einer Seite einriß, so daß sie im Augenblick zur Sammelbüchse wurde, ging er gemessenen Schrittes von Gast zu Gast, jedesmal sein monotones Bettelverschen wiederholend:

»Wer hilft dem arm' Chinesenkind,
dem Vater und Mutter gestorben sind?
Ihr Herrn und Damen, bringt Opfer dar –
Gott segne euch im neuen Jahr!«

Es regnete Silber- und Goldstücke, keiner wollte hinter dem andern zurückbleiben. Den heißen Blick auf den schmucken Chinesenknaben geheftet, zog Dr. Werndloff eine Hundertmarknote aus der Tasche und steckte sie auffallend langsam in die Trommel.

Dankläćhelnd verabschiedete sich der Beschenkte und machte in übermütiger Selbstvergessenheit einen ganz unknabenhaften zierlichen Knicks unter der Tür, ehe er mit seiner Beute verschwand.

»Entzückend! Spaßig! Originell!« ereiferten sich die Gäste und halfen sich mit diesen Verlegenheitsrufen über die undefinierbare Stimmung hinweg. Sehr entzückt waren sie ja wirklich nicht. Denn eine Silvesterunterhaltung im Privathaus, die außer Balltoilette und obligate Auto- und Trinkgelder auch noch Opferspenden kostete, war mehr als spaßig; schon lästig originell. Am peinlichsten war es der Hausfrau zumute, sie konnte ihre sonst so feinfühlende Tochter nicht begreifen. Und trotz Champagner und allerhand Jux war der Rest des Abends für sie verdorben.

Nachdem die letzten Gäste im anbrechenden Morgengrauen das Haus verlassen hatten, konnte sie ihrem gequälten Herzen endlich Luft machen. Sie zeigte der Tochter ein sehr ärgerliches Gesicht. Doch diese war so glücklich über ihren Erfolg – sechshundert Mark hatte sie in ihrer Trommel gezählt –, daß sie nur achselzuckend erwiderte: »Laß gut sein, Mama! Wenigstens hat die egoistische Gesellschaft das neue Jahr nutzbringend angefangen. Und meine Chinesenkinder sind um eine schöne Summe reicher geworden. Es hat sich gelohnt, und das ist die Hauptsache.«

Und während Vater und Mutter lange in den Vormittag hineinschlummerten, ehrlich müde von den Anstrengungen der Nacht, huschte Ilse, die sich nur die Mattigkeit aus den Augen gewaschen hatte, aus dem Haus zur Kirche. Jahresanfang ohne Gottesdienst wäre ihr zu leer, zu kalt erschienen, um so mehr, wo dieses Jahr eine so große Entscheidung und Veränderung in ihr Leben bringen sollte. Im Frühjahr wurde sie achtzehn, im Sommer würde sie maturieren, und im Herbst –! Bunt flimmerte es vor ihren Augen; sie tat einen tiefen Atemzug und ließ sehnsüchtig die reine Winterluft durch ihre Lungen wehen.

Aufmerksam lauschte sie der Predigt des verehrten Pfarrers, während ihre Hand verstohlen in den Muff griff und die Banknoten befühlte, die sie später in den Opferstock werfen wollte. Da zu Neujahr die Kirche überfüllt war, war es Gepflogenheit in der evangelischen Gemeinde geworden, die Kollekte dieses Tages der Äußeren Mission zuzuwenden. Das Herz des jungen Mädchens hüpfte vor Freude, als sie sorgfältig und doch unauffällig ihr dickes Päckchen in den Opferstock zwängte. Niemand brauchte zu wissen, woher die Spende kam, dachte sie in rechter Gebefreudigkeit. Und sie war höchstens betrübt, weil sie an der überschwenglichen Freude ihres Herzens niemand teilnehmen lassen konnte.

Nachmittags auf dem Eis war sie so übermütig, daß die gesetztere Gertrud ein übers andre Mal den Kopf schüttelte. »War es denn so fein bei euch gestern?« fragte sie und bekam eine prustende Antwort.

»Himmlisch fein, kann ich dir versichern. Ich bin sooo glücklich.« Ilse verdrehte entzückt die Augen.

Gertrud wußte nicht, wie sie das deuten solle. »Nun glaube ich gar, du hast dich verlobt«, meinte sie zaghaft.

Ein neuer Lachsturm, und Ilse jagte davon, zweimal um den großen Platz kreisend. Endlich blieb sie wieder vor der Freundin stehen. »Warst du heute in der Kirche?« fragte sie unvermittelt.

»Natürlich war ich« antwortete die Blonde und setzte bedeutsam hinzu: »Ich habe dich übrigens gar nicht gesehen.«

»So, wirklich? Ich dich übrigens auch nicht. Gibt's was Neues?«

Gertrud wurde plötzlich lebhaft. »O was Neues wüßte ich wohl. Mein Bräutigam hat es heute mittag erzählt.«

»Was denn?« forschte Ilse scheinbar gelangweilt. Und sie fuhr wie unter einem Schauer leicht zusammen. »Du, mir ist kalt«, meinte sie fröstelnd. »Komm, wir fahren zusammen, und du erzählst mir deine interessante Neuigkeit.«

In flottem Bogen schleiften die Freundinnen dahin, und still lächelnd horchte Ilse auf das Geplauder der andern, die von der Überraschung des Pfarrers und seines Schwiegersohnes berichtete, als sie heute im Opferstock eine Kollekte von nahezu siebenhundert Mark vorgefunden hätten, darunter sechshundert in Banknoten. Gertrud weinte beinahe vor Begeisterung. »Ein gottgesegneter Spender muß im

Gottesdienst gewesen sein, der unter der Predigt unseres geliebten Pfarrers die Erleuchtung ins Herz bekam, und –«

»Und schon vorher erleuchtet war, daß er ausgerechnet mit einer so großen Summe, die kein vernünftiger Mensch zwecklos bei sich trägt, in die Kirche kam«, schloß Ilse sehr kühl.

Gertrud blieb ernüchtert stehen. »Du kannst so gräßlich realistisch sein, Ilse«, sagte sie schmerzbewegt. »Mein Bräutigam und ich haben es uns so schön ausgemalt. Warum sollte Gott nicht einen Menschen ausersehen und eigens erleuchten, damit er sein Werk unter den Heiden fördere?«

»Wozu es da besonderer Erleuchtung braucht, verstehe ich nicht«, brummte das missionsbegeisterte Mädchen. »Es braucht einzig und allein eine ordentliche Portion Liebe, und wahre Liebe muß Tat werden, so oder so. Wer liebt, der gibt, der opfert, oder er opfert sich selber. Je nach Gelegenheit. Und wenn wirklich einer in der Kirche war, der etliche hundert Mark für die Mission drangeben konnte, so ist das einer mit einer brennenden Liebe im Herzen, und wir haben nicht das letztemal von ihm gehört. – Aber nun tu mir den Gefallen und hilf mir abschnallen! Mich fröstelt heute so, ich möchte nach Hause. Wahrscheinlich die durchtanzte Nacht, die Aufregung und weiß Gott, was alles. Ich fühle mich gar nicht wohl.« Wieder zuckte Ilse zusammen, und in das eben noch blasse Gesicht schlug eine fiebernde Röte. Besorgt begleitete Gertrud die Freundin zur Bank und half ihr.

»Schade, die Bahn ist so fein heute«, meinte Ilse bedauernd. »Kommst du wirklich mit mir, liebe Gertrud?« fragte sie dann erfreut, als sie sah, daß Gertrud ebenfalls Anstalten traf, heimzugehen. »Wolltest du nicht deinen Bräutigam später treffen?«

»Ach, den sehe ich ja jeden Tag«, erwiderte die blonde Braut mit tapferer Gebärde. Nie hätte sie es über sich gebracht, die Freundin in ihrem Zustand allein nach Hause gehen zu lassen, und sie freute sich, daß sie der opferbegeisterten Ilse beweisen konnte, daß auch sie Opfer zu bringen imstande war. Denn es ist gewiß keine Kleinigkeit für ein liebendes Mädchen, den ersehnten Bräutigam umsonst suchend und wartend zu wissen.

Schon gegen Abend hatte Ilse hohes Fieber und fühlte sich so elend, daß die besorgten Eltern unverzüglich den Arzt riefen. Eine tückische Grippe hatte den jungen Körper erfaßt, der sich eine Lungenentzündung zugesellte, so daß das arme Mädchen wochenlang zwischen Tod und Leben schwebte. Das andauernde hohe Fieber hatte die Patientin so geschwächt, daß sie teilnahmslos mit geschlossenen Augen dalag, wenn nicht gerade Schmerzen sie plagten. Diese wurden peinlich vermehrt, als nach endlich überstandener Krisis eine Gelenkentzündung nachkam, die den widerstandslosen Körper neuerdings schwächte, so daß Ilse nach acht Wochen Krankheit nicht mehr fähig war auf den Beinen zu stehen. Drei Tage nacheinander probierte sie am Arm der Pflegerin, das Gehen wiederzuerlernen. Sie setzte mit Anstrengung den linken Fuß voran und bemühte sich, den rechten nachzuziehen. Umsonst, er hatte nicht die Kraft, schleifte ein wenig und begann zu zittern. Weinend ließ sich Ilse ins Bett zurückheben und hoffte auf den morgigen Tag.

Der Doktor horchte betroffen auf den Bericht der Krankenschwester und untersuchte das widerspenstige Bein. Er ahnte Böses, doch wollte er seine Vermutung noch nicht aussprechen. Er bat, einen zweiten Arzt zu Rate ziehen zu dürfen.

Ein zweiter und dann noch ein dritter Arzt umstanden die folgenden Tage prüfend und sich vielsagende Blicke zuwerfend das Bett der drängenden Patientin, die ihre Kräfte wiederkommen fühlte und nicht begreifen wollte, warum die Füße immer noch den Dienst versagten. Allerhand Ausreden hatten die mitleidigen Ärzte bereit, aber den Eltern mußten sie endlich die fürchterliche Wahrheit offenbaren, und diese traf sie wie ein Schwerthieb. »Das rechte Bein ist gelähmt; unheilbar gelähmt!«

Der Vater bewahrte seine Ruhe, obgleich sein Herz stillzustehen drohte. Die haltlose Mutter fiel in einen Nervenkrampf.

Schonend bereitete man das unglückliche Mädchen vor, aber man verheimlichte das eine böse Wörtchen »unheilbar«. Und das junge, lebensdurstige Ding ließ sich willig betrügen, klagte und weinte, jammerte über die Verzögerung des Examens; aber sie hoffte, schickte sich drein und hoffte.

Sie befolgte gewissenhaft alle Vorschriften und ließ sich in ein Heilbad bringen, von welchem sich der eine Arzt vielleicht noch ein Wunder erhoffte. Und die Eltern wollten natürlich nichts unversucht lassen, um ihrem Liebling eventuell doch noch die Gesundheit zurückzugeben.

Der leitende Professor hatte kopfschüttelnd die neue Patientin untersucht. Er war eine gerade, kernige Natur und machte sich nichts vor. Er erkannte den Zustand und wußte, daß nichts zu retten war. Und weil er zu ehrlich war, um aus seiner Heilstätte ein Geschäftshaus zu machen, auch auf dem Standpunkt stand, daß es unrecht sei, Hoffnungen zu erwecken, wo nichts mehr zu hoffen war, sprach er eines Tages in seiner etwas rauhen Art die Wahrheit aus, eben als Ilse freudestrahlend von einer scheinbaren Besserung berichten wollte.

Schon oft hatte der berühmte Arzt solche Todesurteile verkündet und in manch versteinertes oder wild verzerrtes Antlitz geschaut. Doch diesen todeswunden Blick aus den eben noch hoffnungsglänzenden dunklen Augen würde er nie vergessen, das fühlte er. Er fand nicht wie sonst ein geeignetes Trostwort, es würgte ihn in der Kehle. Seine Hand strich nur wie abbittend über ihre starren Lider, daß sie sich schließen mußten und den erloschenen Blick begraben.

Zwei Tage später holten die schmerzgebeugten Eltern ihr Kind nach Hause, das aus seinem Antlitz alles Kindliche verloren hatte und nicht mehr lachen konnte.

Während der ersten Wochen war die durch den Kummer stark gealterte Mutter ängstlich bemüht, jeden Besuch vom Krankenbett ihres unglücklichen Kindes fernzuhalten. Ilse selbst verlangte nach absoluter Ruhe. Am liebsten weilte sie allein in ihrem Zimmer, das ins Erdgeschoß verlegt worden war, um ein Hin- und Hertransportieren zu erleichtern. Das arme Mädchen war hilflos wie ein Kind; sie brauchte geraume Zeit, bis sie es lernte, auf ihren Krücken zu gehen. Meistens wurde sie von ihrer treuen Pflegerin geführt und gehoben. Aber auch mit dieser redete Ilse nur das Notwendige und hüllte sich ansonsten in düsteres Schweigen.

Der Mutter war es peinvoll in der Nähe des unheimlich blickenden Kindes. Sie wußte nicht, auf welche Art sie es zerstreuen könnte und dürstete nach dem Augenblick des Rückschlags, wo selbst Ilse nach Aufmunterung und Gesellschaft verlangen würde. Auch der Kommerzienrat fand keine Brücke zu seiner Tochter, er merkte nur, daß sie es als wohltuend empfand, wenn er bei ihr weilte, und er saß oft stundenlang neben ihr, ihre Hand haltend, ohne ein Wort zu sprechen.

Furchtbares ging inzwischen in dem bebenden Mädchenherzen vor sich. Erst war es ein Wehklagen, das stummklagend zu Gott aufstieg mit dem immer wiederkehrenden: »Warum, o Gott? Warum?« Und dann ein Sehnsuchtsschrei, der, dringlicher werdend, die Worte ausstieß: »Hilf, Herr! Du kannst und mußt helfen – Du allein! Schaffe ein Wunder, o Gott!«

Keine Antwort kam von oben, der Himmel schwieg. Ein letztes Kämpfen – ein wildes Sichaufbäumen – ein wirres Lachen. Dann starb langsam die Hoffnung ab, welkte dahin, und niedergetreten lag der zuversichtliche, stolze Mädchenglaube.

Nun sie nichts mehr zu erwarten hatte, war ihr die Stille um sie her unerträglich geworden, und es kam die Stunde, wo Ilse nach ihrer Mutter verlangte und sie bat, Gäste einzuladen und für Zerstreuung zu sorgen.

Es war Mitte April geworden und das Mädchen achtzehn Jahre alt. Scheu und beschämt ließ sie sich das erstemal im Rollstuhl durch den Garten fahren; doch allmählich gewöhnte sie sich daran und verlangte häufig ins Freie.

Besuche kamen und gingen. Eine Zeitlang fand Ilse

Gefallen an der mitleidsvoll verwöhnenden Weise ihrer Bekannten und thronte unter ihnen wie eine Königin, der alle Blicke zugewandt waren. Aber das Interesse an ihrer Person verlor sich, und ihr dünkten die Menschen, die sie umwogten, öde und ihr Geplauder leer.

»Kein Inhalt in meinem Leben!« Diese Überzeugung fraß sich immer tiefer und schmerzvoller in die junge Seele. Ilse las, studierte, doch der freudige Eifer fehlte. Denn die Matura hatte ihren Reiz verloren. Lernen und Wissenschaften betreiben konnte man auch ohne Examen, ein solches brauchte es jetzt nicht mehr. Der Zukunftstraum war ja unwiderruflich dahin.

Sie begann ihre Bekannten auszufragen, sie wollte Meinungen hören, wie sie über ihr Elend dachten.

Die meisten fanden es nicht schlimm genug, um zu verzweifeln. Blindheit oder ein schmerzreiches Siechtum wären noch bedauernswerter. Man stellte Vergleiche mit solchen Kranken auf und tröstete die Arme. Alle äußerten sich zuletzt dahin, daß die guten Verhältnisse, in denen Ilse lebe, vieles erleichtern und erträglicher machten. »Sie können doch alles haben, was Ihr Herz begehrt«, tröstete eine gefühlvolle, sporttreibende Dame. »Ein Kreuz muß im besten Leben stehen, und ich liege doch lieber verwöhnt und gehätschelt im Sessel, als daß ich nackt und verlassen auf der Straße stehe. Es ist ja nur ein Fuß, der nicht funktioniert, alles andere ist kräftig und gesund.«

Am ehrlichsten urteilte der Vetter, dem Ilses Gebrechen keinen Abbruch an seiner Liebe getan hatte, während es Dr. Werndloff zu eiligem Rückzug anspornte. Der junge Mediziner sagte: »Schau, Ilse, in deinen Verhältnissen läßt sich schließlich alles ertragen. Wenn du mich haben wolltest, ich heiratete dich auch mit zwei lahmen Beinen. Ich in deiner Lage wäre weit schlimmer dran. Arm und noch krank – das ist zuviel für unsere gefühllose Erde. Mir bliebe nur die Kugel.«

»Ein inhaltloses Leben ist ebenfalls nur die Kugel wert«, entgegnete Ilse mit zuckendem Mund.

»Unsinn, Kusinchen, dein Leben hat genug Inhalt. Hast gute Eltern und eine Menge lebendiger und gedruckter Freunde. Das reicht aus.«

»Es muß ausreichen«, war die wehmütige Antwort. »So lange, bis ich es eben nicht mehr aushalten kann«, murmelte sie leise vor sich hin.

Indessen gelang es ihr, vom gutmütigen Vetter hin und wieder leichte und auch schwerere Schlafpulver zu erbetteln, und der Arzt, der in seiner diensteifrigen Freude fest glaubte, daß sie die Mittel jedesmal gleich benutzte, sagte nie nein. Kraft seiner ärztlichen Autorität konnte er ihr die Pulver leicht verschaffen, und er bat nur öfters: »Gewöhne dir die Schlafmittel nicht an! Ich bringe dir heute bestimmt das letzte.« Und endlich verlangte Ilse keines mehr. In ihrem Nachtschränkchen stand eine gefüllte Schachtel. »Und diese«, dachte sie, »wird ja genügen, wenn ich es nicht länger werde ertragen können, ein elender, unnützer – Krüppel zu sein.«

Wohltuend berührten sie die Besuche ihres alten Seelsorgers. Seinen ausdauernden Bemühungen gelang es, das glaubensarme Herz wieder langsam mit Mut und Gottvertrauen zu füllen. »Ergeben Sie sich in seinen Willen, liebe Ilse! Gott weiß, warum er es so tat.«

»Ich kann nicht«, antwortete das Mädchen dumpf. »Es ist zu hart.«

»Und wenn er Ihnen das Gehör genommen hätte oder das Augenlicht? Wäre das nicht noch furchtbarer?«

Ilse zitterte bei dem Gedanken. Dann sagte sie traurig: »Es wäre im Grunde dasselbe. Meine Zukunft ist mir so und so verbaut. Wie grausam und lieblos ist Gott! Ich wollte in seinem Namen ausziehen, seine armen Geschöpfe lieben, ihnen dienen. Und nun hat Gott mir die Tür vor der Nase zugeschlagen. Er braucht mich nicht, will mich nicht. Soll ich diesen harten Gott noch lieben?«

Die ganze Bitternis quoll aus diesen Worten. Das gelähmte Mädchen weinte herzzerreißend und war für keinen Trost zugänglich.

»Alles habe ich überwunden«, sagte sie das nächste Mal.

»Ich habe mich in mein schreckliches Los gefunden, und das heißt viel. Ich lebensfrohes, Sport liebendes Mädel, das nicht stillsitzen konnte, selbst beim Lernen auf und ab marschierte – ich bin nun gelähmt fürs Leben! Alles, was sich sonst ein junges Wesen erträumt – Frohsinn – Ehe – Glück – ich vermag es dranzugeben, ich kann es entbehren. Aber über den Punkt, ein unnützer Mensch zu bleiben, dahinzuvegetieren bis an mein Lebensende – darüber komme ich nie hinweg. Wie muß Gott mich hassen und verabscheuen, daß er meine Dienste so gründlich zurückweist und mich so grausam schlägt!«

In den Wind gesprochen waren des Seelsorgers eindringliche Worte, die das ungestüme Mädchen darauf hinweisen wollten, daß Gott nicht dauernd schlagen, sondern demütigen will, damit er später seine Kraft herrlich an dem jetzt scheinbar armen, unbrauchbaren Gefäß beweise.

»Sie haben recht«, war die bittere Entgegnung. »Ich bin ein unbrauchbares Gefäß, das man am besten zerschlagen sollte.«

Doch allmählich begann Ilse aufmerksamer und hungriger auf die geduldigen Trostreden des verehrten Pfarrers zu horchen.

»Gott wollte wirklich nicht«, bekannte sie endlich demutsvoll. »Ich hielt meinen Willen für den seinen; wie richtig haben Sie und Missionar M. gesehen!« Aber gleich drängte sich wieder die verzweifelte Frage auf die Lippen: »Warum nicht? Warum aber wollte er nicht?«

Darauf konnte Pfarrer R. keine endgültige Antwort geben. »Wir wollen abwarten und hören«, mahnte er in seiner zuversichtlichen Weise. »Wenn Sie ganz ergeben und still geworden sind, werden Sie seine Botschaft vernehmen. Umsonst hat er Ihnen nicht die brennende Liebe für die Heidenwelt ins Herz gegeben.«

Und Ilse wurde stiller, demütiger, harrte geduldig. Sie hatte einen Hauch seines Friedens verspürt, den wollte sie festhalten, auf daß seine Segensfülle sie ganz überschütte. Ilse war auch im Warten und Dulden konsequent. Sie würde harren, bis die große Stunde kam, bis die Erleuchtung von oben sie durchströmen würde. Neue Hoffnung durchzitterte das junge Herz, und es ahnte, daß Gott nicht demütigt, ohne nachher zu erhöhen, daß Sinn und Herrlichkeit in seiner Führung liegen. Und Ilse konnte lächeln und freundlich auf ihre Umgebung schauen.

»Arme, kleine Mama«, sagte sie zu Frau Ostholz, die in

gedrückter Stimmung ihre Tage durchlebte und sich langweilte und nicht wußte, ob sie der Tochter ein heiteres oder mitleidiges Gesicht zeigen sollte.

»Ich täte dir leid?« erwiderte die Mutter, mit Tränen in den Augen. »Es ist wohl eher an mir, dich zu bedauern, mein armes, unglückliches Kind.« Frau Ostholz weinte; zum erstenmal so rückhaltlos vor ihrer Tochter. Qual, Enttäuschung, Hoffnungslosigkeit strömten aus ihrem übervollen Herzen.

Weich wie nie zuvor legte Ilse den Arm um die haltlose Frau. »Weine dich aus, Mütterchen, es wird dir gut tun. Gelt, es ist gar furchtbar, so einen Krüppel von Tochter zu haben!«

Die selbstanklagenden Worte waren zuviel für das gemarterte Mutterherz. Sie sank schluchzend in die Knie und lehnte das nasse Antlitz auf die Seitenlehne des Rollstuhls.

Da kam über das Mädchen eine wunderbare Ruhe. Kosend strich sie der Mutter über Wange und Haar und sprach so liebe, aufmunternde Worte, versicherte, daß sie im Innern gar nicht so unglücklich sei, bis Frau Ostholz erstaunt aufhorchte und beschämt ihre Tränen trocknete.

Seit jener Stunde streifte sie das weiße Antlitz der Tochter mit scheuer Ehrfurcht und bemühte sich ihrerseits, eine gefaßte, zufriedene Miene zu zeigen.

Der gebeugte Vater überschüttete seine Tochter mit Zärtlichkeit und ließ sich nicht zurückschrecken von ihrer anfangs schroffen, ablehnenden Art und Weise. »Nun ist dein Wunsch erfüllt«, hatte sie ihm einst mit verletzender Kälte ins Gesicht geschleudert, »du kannst deine Tochter bei dir behalten. Und es fragt sich bloß, ob es schöner ist, sein Kind glücklich in der Ferne zu wissen oder täglich einen unnützen Krüppel um sich zu sehen.«

Der Vater hatte keine Antwort gegeben, er hatte nur seine Augen groß und voll schmerzlicher Liebe auf sein Kind geheftet, daß sie seinen Blick nicht aushielt, sondern schweigend den Kopf auf die andere Seite wandte.

Täglich durfte der beglückte Vater nun mehr erkennen, daß sein Liebling wuchs und zunahm an Sanftmut und Geduld. Liebevoll wie einst hing ihr Blick an ihm und strahlte auf, sooft er in ihre Nähe trat. Immer inniger knüpfte sich ein neues Band zwischen ihm und der Tochter, er durfte wieder in ihrem Herzen lesen und sich an den Fortschritten freuen, die ihr innerer Mensch mit Gottes Hilfe machte.

Gertrud kam fast täglich zur Freundin. Lange Zeit konnte sie eine gewisse Scheu nicht überwinden, wenn sie mit ihren geraden, gesunden Gliedern an das Lager der Gelähmten treten mußte. Am liebsten wäre sie an der Tür noch zurückgeflohen.

Aber nicht Neid plagte Ilse angesichts der zukunftsheiteren Freundin, sondern der ernüchternde Gedanke, daß sie nun nie imstande sein würde, die Zweifelnde zu überzeugen von ihrer ausdauernden Liebe zur Mission.

Gertrud, gutmütig und feinfühlend, machte es der Ärmsten leicht. »Nun kannst du freilich nicht nach China hinaus«, sagte sie eines Tages bedauernd. »Aber glaube mir, Liebe, ich bin fast froh. Ich hätte den Gedanken nicht ausgehalten, dich allein da draußen zu wissen.«

»So glaubst du wirklich, daß ich meinem Entschluß treu

geblieben wäre?« fragte Ilse überrascht und zitternd vor Freude.

»Natürlich glaube ich das«, lächelte Gertrud unbefangen. »Ilse Ostholz hat noch alles ausgeführt, was sie sich in den Kopf setzte. Nur Gott konnte dazwischentreten und einen andern Kurs bestimmen.«

»Ja, gegen Gottes Willen ist nicht aufzukommen«, war die düstere Antwort. Aber die Zuneigung zur Freundin war seit dieser Stunde eine weit herzlichere geworden. –

Es war ein heißer Junitag. Die Familie hatte auf der schattigen Terrasse das Mittagsmahl eingenommen, und jeder Teil begab sich nun auf sein Lieblingsplätzchen, um ein Stündchen ungestört zu ruhen.

Ilse ließ sich in den entlegensten Teil des Gartens fahren. Der Rollwagen glitt über die sauberen Kieswege, vorbei an duftenden Jasminhecken und mit Lobelien eingefaßten Prunkrabatten; durch den Glyziniengang, der seine letzten blauen Dolden über das knorrige Astwerk breitete; weiter die einsamen Parkalleen entlang, wo hohe, alte Platanen und breitgewachsene Blutbuchen Schatten spendeten.

Im allerletzten Winkel hatte Ilse ein heimeliges Plätzchen entdeckt. Ein morscher Zaun trennte sie vom Nachbargarten, dessen Lärchen und Föhren die wuchtigen Eichen des Ostholzschen Gartens grüßten und ihre nadligen Äste mit den grüngebuchteten Blättern vereinten. Singvögel aller Art nisteten in diesem traulichen Eckchen, hatten ihre Nester unter dem schattigen Dach gebaut und zwitscherten ein seliges Sommerlied.

Ilse liebte diesen Platz. Schon mehrere Mittage hielt sie

hier ihre Ruhestunde und war sicher, von niemand aufgesucht und gestört zu werden. Der verwilderte Nachbargarten mit seinem Nadelwäldchen hatte es ihr angetan; nirgends meinte sie freier und gesünder atmen zu können als in dieser Koniferenluft. Nur hin und wieder drang durch das dichte natürliche Dach ein Fleckchen Himmel, und die Sonne konnte keine Luke entdecken, durch die sie einen kräftigen Strahl auf das träumende Mädchen hätte werfen können.

Mit geschlossenen Augen lag Ilse. Verzagte Gedanken bewegten ihre schon so lange vergeblich wartende Seele. Sie dachte sich gesund und daran, daß sie in diesen Tagen maturiert und mit dem Reifezeugnis in der Hand stolz und entschieden den Weg ihrer Neigung angetreten hätte. Das war nun alles vorbei, nie würde ihr matter Fuß das ersehnte Land betreten, nie die Zunge die Segensbotschaft unter den Heiden verkünden. Ein Leben, nicht wert, gelebt zu werden! Und wieder standen die Tränen in den immer noch nicht müde geweinten Augen. »O Gott, gib mir Gewißheit, daß du bist — daß du der Menschen Schicksale lenkst und auch mir meinen Daseinszweck bestimmt hast!« flehte sie mit krampfhaft verschlungenen Händen. »Ich kann die Ungewißheit nicht mehr ertragen. Wenn ich so weiterleben soll, will ich lieber heute noch sterben.« Verführerisch lockte das wohlverwahrte Schächtelchen mit den Giftpulvern; deutlich sah sie es im Geist vor sich stehen. Und sie wurde ruhiger bei der Erinnerung an diesen letzten Ausweg, der ihr blieb.

Ein Rascheln und Knacken störte sie auf aus ihren erregten Träumen. Ilse öffnete die Augen und wandte den

Kopf. Dicht an den Zaun gelehnt stand ein kleines Mädel in einem schmutzig-weißen Kleidchen. Ein Fingerchen hatte es in den rechten Mundwinkel geschoben und hielt einen grünseidenen Wurstel liebevoll unter den prallen Armen geklemmt. Verwundert guckten die großen braunen Augen unter dem wirren Kraushaar hervor, das frei um die Stirn wehte.

»Warum weinst du, schönes Fräulein?« fragte ihr weiches Stimmchen. »Hast du Schmerzen? Gewiß macht dir der Fuß weh, weil du im Rollwagen liegst.«

Ilse betrachtete überrascht die allerliebste Kindergestalt jenseits des Zaunes. »Ja, ich habe Fußweh, du süßes, kleines Ding«, gab sie leise zurück. »Mein ganzes Bein ist lahm und kann nicht gehen.«

»Da tust du mir aber schrecklich leid«, sagte die Kleine in ehrlicher Trauer. »Dir geht es dann genau so wie meinem Hänschen.« Sie hob den grinsenden Wurstel hoch und zeigte auf sein rechtes Bein, das kraftlos herunterhing und bedenklich baumelte. »Hänschen hat furchtbare Schmerzen, weißt du? Ich habe deshalb die Mina aus dem Puppenwagen geworfen. Sie ist so dumm und langweilig; sobald ich sie hinlegte, machte sie die Augen zu. Ich fahre nun Hänschen spazieren, oder ich trage ihn in den Wald, damit er die Vögel singen hört. Hast du das Vögleingezwitscher auch gern, schönes, krankes Fräulein?«

Wohlgefällig ruhten Ilses Augen auf dem hübschen Kind. »Sehr gerne«, versicherte sie. »Deshalb liege ich ja da, um es zu hören. Wie heißt du, kleines Mädchen?«

»Annelies. Aber mein Hänschen sagt ›Mama‹ zu mir«, berichtete sie mit mütterlichem Stolz. »Die schläfrige Mina mag ich nicht, die darf zu mir nur »Tante« sagen. Tanten hat man nicht ganz so lieb wie Mamas.«

»Auch nicht, wenn sie schöne Geschenke bringen?« neckte Ilse belustigt über das zutrauliche Geplauder.

Die Kleine schüttelte energisch den Kopf.

»Tanten hat man viele, weißt du – aber Muttis nur eine. Und ich bin Hänschens Mutter«, jubelte sie wiederum und preßte den garstigen Wurstel inbrünstig an sich. — »Hast du noch Weh, schönes Fräulein?« erkundigte sie sich dann teilnahmsvoll und lachte hellauf vor Freude, als Ilse lächelnd verneinte. »Dann kannst du gewiß Geschichten erzählen. Mama erzählt immer Geschichten, wenn ihr böses Kopfweh vorüber ist. O ich höre so gern Geschichten.« Das Kind legte die Hände bittend zusammen und lachte schon in froher Erwartung.

Ilse kämpfte mit einer leichten Verlegenheit. Sie hatte nie mit Kindern zu tun gehabt, keine Geschwister besessen, die Geschichten hören wollten, und sie zweifelte, ob sie den kindlichen Ton treffen werde. Sie überlegte ein Weilchen. Was sollte sie erzählen? Die alten Märchen von Schneewittchen oder Aschenbrödel? – Da kam ihr ein rettender Gedanke.

Zahlreicher als Märchen und Kindergeschichten waren viele Erzählungen aus der Mission in ihrem Kopf gespeichert, und sie brauchte eigentlich nur hineinzugreifen in den reichen Vorrat und anzufangen.

Unverzüglich begann sie. In anschaulicher Weise berichtete sie von dem Elend des kleinen Chinesenknaben Tsin, der, von Geburt schwach und lahm, nicht flüchten konnte, als der fürchterliche Brand in seinem Heimatdorf ausbrach und alle Häuser zerstörte. Wie durch ein Wunder war das im Qualm fast erstickte Kind noch in letzter Sekunde gerettet worden und ins Missionsspital überführt, wo es monatelang lag, mit schweren Brandwunden bedeckt. Heute war der kleine Tsin gesund, aber die Finger beider Hände waren verkohlt, und er konnte jetzt weder gehen noch arbeiten. Seine Verwandten wollten ihn zurückhaben, nachdem er gesund geworden war; als sie aber sahen, daß er zu keiner Arbeit mehr taugte, ließen sie ihn gern im Missionshaus und machten sich aus dem Staub auf Nimmerwiedersehen. Nun war aus Tsin ein Christ geworden und das Missionshaus seine Heimat. Die guten Schwestern gaben ihm zu essen wie einem ganz kleinen Kind, denn er konnte seine abgestorbenen Händchen zu nichts gebrauchen. Dennoch sang er Loblieder und war dankbar, daß er es so gut hatte, viel besser als jemals zuvor.

So erzählte Ilse, und das Mädchen lauschte atemlos, dicht an den Zaun geschmiegt. Dann hatte es einen Berg von Fragen, die Ilse geduldig beantwortete. Von China erzählte sie, von den armen Heiden, ihrem Aberglauben, und wie die Missionare umherziehen, um den geknechteten Seelen Jesu Liebe zu verkünden.

Über die Kinderwangen strömten Tränen, so ergriffen hatte sie das Schicksal des armen lahmen Tsin. Da erschallten tiefer im Garten Stimmen. »Annelies, Annelies, wo bist du?«

Mit einer Energie, daß der grünseidene Körper krachte, schob sie den Wurstel durch den Zaun.

»Da, nimm ihn – er soll ihn haben, der liebe Tsin. Und morgen erzählst du mir wieder – ach, ich muß noch so viel hören und wissen. Nicht wahr, du erzählst morgen wieder?«

Ilse konnte nur nicken und dem davoneilenden Kind nachwinken. Sie war selber ergriffen von der Wirkung ihrer Erzählung, und sie strich in Gedanken an das Kind mit weichem Finger über den grünen grinsenden Hampelmann.

Am nächsten Tag brauchte Ilse nicht lange zu warten. Ihre kleine Freundin stand bald wieder am Zaun, und sie hatte noch einen dicken fünfjährigen Jungen mitgebracht.

»Paul will auch von Tsin hören«, erklärte sie entschuldigend. »Er ist mein Vetter, und er hat seinen Miaukater mitgebracht, damit er dableiben darf.« Mit diesen Worten zwängte sie eine graue Stoffkatze durch die Planken. »Sie miaut noch, und Tsin wird sich freuen. Werden die Finger bestimmt nicht mehr wachsen beim armen Tsin?«

Ilse verneinte ernst und dankte für das Geschenk. Dann erzählte sie. Erst noch einmal von Tsin, dem kleinen Märtyrer, aber sie blieb nicht bei ihm stehen. Sie wußte ja so viele Missionsgeschichten, und sie hätte wohl noch lange fortfahren können, wären die Kinder nicht heimgerufen worden. Mit Kußhändchen liefen sie davon, die zierliche Anneliese voran, der patschige kleine Geselle nachdenklich hinterdrein.

Ilse blieb in eigenartiger Stimmung zurück. Ihr war wohl aber zugleich auch weh zumute. Längst Zurückgedrängtes brach hervor; sie fühlte, daß sie nicht bloß Geschichten wiedergab, die sie einst gelesen und als schön befunden hatte. Nein, der eigene Werdegang floß mit hinein in ihre lebendigen Schilderungen, alte Wunden rissen wieder auf und vergrößerten ihre innere Qual. Nicht mehr erzählen –

nicht mehr rühren an die teuren Geschichten, die sie einstmals so begeistert hatten wie die kleinen Zuhörer gestern und heute.

Ilse nahm sich fest vor, nicht mehr den lauschigen Platz im Wäldchen aufzusuchen. Aber als es wieder Mittag geworden war, überkam sie ein so mächtiges Verlangen, daß sie sich, ihrem Vorsatz zum Trotz, doch hinführen ließ.

Und siehe, fünf Kinder standen, Ausguck haltend, am Zaun. Dicht drängten sie sich an die Planken, daß diese krachten und ächzten. Jedes der drei Neuen hatte etwas mitgebracht. Einen bunten Gummiball, der über den Zaun geworfen werden mußte, ein Bilderbuch und ein Püppchen aus Kautschuk. »Alles für Tsin«, erklärte Annelies wieder strahlend. Und sie fragte mit verlangendem Blick: »Hat er Hänschen schon gekriegt? War er froh?«

Da mußte Ilse erst belehren, daß China weit, weit entfernt liege, und daß sie alle die Geschenke sammeln wolle, um an Weihnachten eine große Kiste schicken zu können. »Die reist dann viele, viele Wochen, und sie muß gut verpackt sein, sonst kommt sie leer zum armen Tsin.«

Annelies nickte und versuchte sich diesen weiten Weg vorzustellen. »Ich möchte auch nach China«, meinte sie nachdenklich. »Hänschen hat es gut, darf so weit, weit reisen und Tsin sehen.«

Die kleine Gesellschaft konnte gar nicht genug hören. Ilse mußte eine Geschichte nach der anderen zum besten geben. Sie tat es mit zitternder Freude und brennendem Eifer und fühlte sich nicht müde, auch nicht, als sie wieder unzählige Fragen beantworten mußte.

Doch am vierten Tag wartete sie vergeblich auf die lieben

Kinder. Gegen vier Uhr erschien anstatt der munteren Schar ein etwa fünfzehnjähriges Mädchen und bat das Fräulein im Namen ihrer Mutter um Entschuldigung. »Meine Mama ist seit Frühjahr leidend, ich bin meist bei ihr, und so ist unser kleiner Wildfang häufig sich selbst überlassen«, sagte sie. »Bitte, verzeihen Sie die Dreistigkeit des Kindes! Sie wird Sie gewiß nicht mehr stören, gnädiges Fräulein.«

Ilse reichte dem Mädchen über den Zaun hinüber die Hand. Mit beredten Worten versicherte sie, daß die Grenzbesuche der kleinen Annelies ihr große Freude und Erquikkung bedeutet hätten, und daß sie sogar wünsche, das Kind und seine Freundinnen wiederzusehen. Die überraschte große Schwester mußte versprechen, die kleine Gesellschaft morgen wieder herauszuschicken.

Sie tat es nach ein paar höflichen »Wenn« und »Aber« und erkundigte sich nach dem Befinden des gnädigen Fräuleins. Ilse fand auch an der älteren Schwester großes Wohlgefallen und war hocherfreut, so liebe Nachbarn zu haben.

Schon zwei Schritte vom Zaun entfernt blieb das Mädchen noch einmal stehen und sandte einen verlangenden Blick über die Planke zurück. Ilse fing ihn auf und nickte ermunternd. »Wünschen Sie noch etwas, liebes Fräulein?« fragte sie freundlich.

Das Mädchen wurde glühendrot. Sie drehte verlegen an einem Kieferästchen und stammelte heraus: »Wenn – wenn ich auch mit zuhören dürfte morgen? Annelies hat soviel erzählt – ich habe immer schon gern Missionsgeschichten gehört – überhaupt aus China.«

Sie senkte verwirrt die Augen, dann aber hob sie sie strahlend empor, als Ilse beinahe zärtlich hinüberrief:

»Kommen Sie ruhig mit, Missionsgeschichten sind für klein und groß und für alle, die ein liebendes Herz haben für die arme Heidenwelt.« –

So ohne weiteres wollten die Kinder zwar das große Mädchen nicht mithören lassen. »Sie muß was zahlen«, bestimmte Annelies am andern Tag. »Alle, die zum erstenmal kommen, müssen was mitbringen. Gib deine Halskette her oder deinen Ring, Eva!«

Ilse kam dem unschlüssigen Mädchen zu Hilfe. Sie war ja gerührt von der Opferwilligkeit der Kinder; denn sie hatte selbst nie ein Geschenk gefordert.

»Ihr vergeßt, daß ich Eva eingeladen habe«, legte sie sich ins Zeug. »Ihr hingegen seid ungebeten gekommen und habt einfach Geschichten von mir gefordert. Ich glaube übrigens bestimmt, daß Eva ein hübsches Röckchen für Weihnachten nähen wird, wenn sie jetzt vom kleinen Tsin hört.«

Das Mädchen nickte dankbar und eifrig und horchte mit brennenden Wangen den Erzählungen Ilses zu.

»Sie klagen ja gar nicht mehr über ein inhaltsloses Leben?« meinte der alte Pastor, den es nach seiner Heimkehr aus dem Sommerurlaub sehr bald zu Ilse Ostholz trieb. Eine volle Stunde hatte er bei ihr gesessen und war freudig überrascht, sie munter, zutraulich und ganz klaglos wiederzufinden. Durch seinen Vikar, Gertruds Bräutigam, hatte er bereits einiges erfahren über die stille Tätigkeit der Gelähmten, und er glaubte als ihr Seelsorger die Frage stellen zu dürfen.

Er hatte sich nicht getäuscht. Ein warmer Schein huschte über das durchs Leid verklärte Mädchengesicht, sie faßte nach der Hand des Pfarrers und sagte mit bewegter Stimme: »Die Kinderzahl ist auf siebzehn gestiegen, und neun junge Mädchen kommen jede Woche zu mir, um Missionsberichte zu hören und für die Chinesen zu nähen. Nächsten Monat wollen wir die Weihnachtskiste absenden, damit sie sicher und zur Zeit ankommt. Sie sind so eifrig, die Kinder und Mädchen, besonders Evchen und Annelies vom Nachbarhaus. Ich glaube immer, Eva geht noch mal in den Missionsdienst. Das heißt – wenn Gott es haben will«, setzte sie schnell und leise hinzu. – »Haben Sie Nachrichten von Missionar M.? Ich erhielt zwar selber einen Brief von ihm vor wenigen Wochen. Er schreibt so zart und gütig. Er bemitleidet mich nicht, er tröstet mich nicht; er schreibt, als sei ich der gesündeste und glücklichste Mensch und von Gott berufen zu einem herrlichen Lebenswerk. Wie anders klingen diese starken, freudigen Worte als all die jammervollen Redereien der lieben Bekannten. Und wissen Sie – Missionar M. schickte mir einen Spruch mit; ausgerechnet meinen Konfirmationsspruch. Und er weiß doch gewiß nicht, daß ich diesen Vers von Ihnen als Gedenkwort mitbekam. Ist das nicht merkwürdig?«

»So merkwürdig ist das nicht«, entgegnete der Pfarrer, beglückt über die Veränderung, die in diesem lieben Mädchen vor sich gegangen war. »Ich glaube, daß kein Wort aus der Heiligen Schrift so ausgezeichnet in Ihre Lage paßt wie dieses: »Laß dir an meiner Gnade genügen; denn meine Kraft ist in den Schwachen mächtig.« Sie wollten doch einmal in die Welt hinausstürmen und die halbe Heidenbevölkerung vor Gottes Thron bringen?«

Ilse wurde rot. »So ungefähr dachte ich, Herr Pfarrer. Ich

meinte, Gott müßte mich besonders liebhaben meines Eifers wegen.«

»Er hat Sie auch besonders lieb«, bestätigte der Seelsorger. »Deshalb ließ er Sie in die Tiefe fallen, auf daß Sie seine Gnade voll erkennen können. Nicht aufgrund Ihres Eifers liebt Sie Gott, er liebt Sie einzig und allein – aus Gnade.«

Und das junge, schwergeprüfte Mädchen nickte ernsthaft vor sich hin. In den weitgeöffneten Augen lag ein Glanz verstehender Demut.

Langsam zog der Winter ins Land. Noch drohte er nicht mit Schnee und eisiger Kälte, aber die Natur hatte er vollends ihres Schmuckes beraubt und ihr die letzten vergilbten Hüllen schonungslos vom Leib gerissen.

Öde und verlassen lag der große Park, nur Krähen und Elstern flatterten lärmend über die harte, bereifte Erde, und hin und wieder ließ ein hungriger Gimpel sein rotes Bäuchlein durch das kahle Geäst der Baumriesen leuchten.

Diese Zeit hatte Frau Ostholz eigentlich gefürchtet. Ging in andern Jahren die Melancholie der nebligen kurzen Tage unter im vorbereitenden Plänemachen für kommende Feste – so würde sich diesmal die düstere Stimmung der Zeit schwer auf die Brust des kranken Mädchens legen und wehmütige Erinnerungen und Heimweh nach gesunden Tagen in ihr erwecken.

Aber Ilse hatte nicht Muße, über sich und ihr Leiden nachzudenken. Es ging lebhaft zu im Hause Ostholz. Zweimal wöchentlich trippelten zahlreiche Kinderfüße über die Treppen ins heimelige Wohnzimmer, und um den langausgezogenen Tisch setzte sich die muntere Gesellschaft, Schokolade trinkend, singend und plaudernd. Kleine und kleinste Hände mühten sich ab mit Strick- und Nähnadeln; und Tante Ilse hatte soviel zu tun, um alle die gefallenen Maschen und verzerrten Stiche wieder in Richtigkeit zu bringen. Wer mit Nadeln nicht umzugehen wußte, klebte aus Streichholzschachteln Häuschen und allerhand Spielzeug. Unbeschäftigt durfte auch das Allerjüngste nicht sitzen.

Oft holte Tante Ilse Bücher oder Photographien; das war dann die Belohnung für fleißiges Arbeiten, nebst herrlichen Geschichten, die sämtlich von Chinesen handelten und doch nie dieselben waren. Es war eine Lust, für die gelben Geschwister im fernen, fernen Asien zu beten und zu sorgen. Jeder ersparte Groschen ging in die Missionsbüchse, und davon würde ein Ostergeschenk gekauft werden. Denn die Weihnachtskiste war längst unterwegs, und man wäre schon gern einige Monate älter gewesen, um zu hören, wie alles angekommen war und was der liebe Tsin und alle andern Kinder gesagt hätten.

Auch für die jungen Mädchen war ein Nachmittag bestimmt; es waren bereits vierzehn, die sich regelmäßig zusammenfanden. Aber auch unter der Woche läutete dieser oder jener Backfisch vertrauensvoll an und bat das gnädige Fräulein um ein wenig Nachhilfe in Geometrie oder Physik. Ach, und diese lateinische Übersetzung war unmöglich fertigzukriegen, und der englische Aufsatz wollte ausgerechnet diesmal keine rechte Form annehmen. Ilse war immer zu sprechen, und wurde nie müde, zu helfen.

»Es geht ärger zu bei euch als ehedem«, brummte Vetter Arzt, dem es kaum gelang, die teure Kusine allein anzutreffen. »Wann muß man denn bei euch vorsprechen, um vorgelassen zu werden?«

»Sie hat ein Steckenpferd gefunden an ihrer Missioniererei; ich bin so froh, daß sie sich zerstreut«, beteuerte Frau Ostholz, der es selber nicht ganz geheuer war im neuen Verkehrskreis ihrer Tochter. Sie drückte sich gern an den Kränzchennachmittagen, aber Ilse zog sie oft unbarmherzig dazu, indem sie bat, bei den Handarbeiten der Kinder nachzusehen. Mutters praktische Begabung kam Ilse sehr gelegen, und sie scheute sich nicht, die seufzende Mama tüchtig anzustrengen.

»Daß dir das so Freude macht?« tadelte Frau Ostholz und brachte es doch nicht über sich »nein« zu sagen oder der Tochter einen Riegel vorzuschieben in ihrer Tätigkeit. Begreifen konnte sie ihr Kind nicht, aber sie erkannte, daß es glücklich war; und das genügte der Mutter.

Ganz anders stellte sich der Vater zu dem bunten Getriebe in seinem Haus.

Er unterstützte Ilse, wie und wo er konnte, und oft hörte er ihren Erzählungen zu und war überrascht von der Lebendigkeit und packenden Art ihrer Schilderungen.

Ja, Ilse konnte begeistern. Nicht nur durch das gesprochene Wort, denn sie schrieb in stillen Stunden ihre Gedanken nieder und hatte bald ein Bändchen schlichter Gedichte fertig, die so von innerem Leben zeugten, die geboren waren aus einem wunden, kämpfenden und geheilten Herzen, daß sie jeden Leser rührten und erfaßten. Dankschreiben kamen in Ilses Hände und Versicherungen dieser und jener verzagten Seele, die in den Versen Trost gefunden hatte.

Zugleich kam der überschwengliche Dank aus China. War das ein Jubel, als Ilse die Briefe vorlas und die Photographien zeigte, welche beilagen! Auf einer war Tsin, der vielbegehrte Tsin. Ganz allein saß er da mit seinem treuzherzigen, schmalen Gesicht, und in den Arm gepreßt hielt er – Annelies schrie vor Entzücken – den hinterher so schmerzlich vermißten Wurstel »Hans«.

»Nun bin ich erst glücklich, daß ich ihn hergeschenkt habe«, jauchzte das Kind. »Hänschen sieht auch ganz vergnügt aus; ich glaube, er hat gar kein Heimweh mehr.«

Zehn Jahre waren vorübergezogen. Wieder ist es Winter, ein kalter, schneeiger Silvesternachmittag.

Ilse Ostholz sitzt im traulichen Wohnzimmer unter dem Christbaum, den sie vor einigen Tagen aus dem Salon herübertragen ließ, um mit ihren Missionskindern Weihnachten zu feiern.

Das dunkelbraune volle Haar umgibt wie einst das blasse Gesicht; nur ein schwach rosiger Schimmer liegt auf den schmalen Wangen. Um den in früheren Zeiten herben Mund spielt ein versonnenes Lächeln, und die wundervollen dunklen Augen heben den dankbaren Blick empor und bleiben auf dem Christbaum haften, der seine duftenden Äste über die Träumende breitet. Das Silberglöckchen im höchsten Zweig beginnt ganz leise zu läuten, der Stern auf der Spitze funkelt und glitzert verheißungsvoll. Die Engel und das Christkind schweben schaukelnd und lächelnd an den Ästen; ein sanfter Friede entströmt der festlichen Tanne, die heute abend ein letztes Mal leuchten soll im Glanz all ihrer weißen Kerzen.

Eine einzige von ihnen zündet Ilse Ostholz an, und sie liest bei ihrem zitternden Schein Briefe und Karten, die vordem mit der Post gekommen sind. Auf dem Tischchen liegen bereits ganze Stöße von Briefen, viele von ihnen sind mit chinesischen Marken beklebt. Einen solchen Umschlag entfernt soeben die junge Frau und beginnt die drei engbeschriebenen Bogen zu lesen.

Tiefer und tiefer neigt sich ihr Kopf; ein Lächeln umzieht den Mund. Auf den Wangen vertieft sich das Rosa und wird ein freudiges Rot.

»Gutes Evchen!« flüstert Ilse, endlich das letzte Blatt sinken lassend. »Wie glücklich sie ist! Ich fühlte es wohl, in ihr steckte die Begabung, eine rechte Missionarin zu werden. Gott segne sie und lasse sie ein Segen werden für viele! – Wie viele werden ihr noch folgen von all denen, die jetzt begeistert bei mir auf und ab gehen?«

Ilse Ostholz überdenkt alle ihre Schützlinge, denen sie etwas sein durfte in den verflossenen Jahren, die sie miterziehen helfen durfte zum Missionsdienst. Vier ihrer Kränzchenmitglieder stehen bereits draußen, und sechs befinden sich in der Missionsschule, sehnsüchtig des Tages harrend, der sie hinausrufen würde zu den gelben Schwestern und Brüdern.

Alle haben sie der geliebten Tante ihre Grüße geschickt, auf Karten oder in langen Briefen. Sie ist ja der Mittelpunkt für sie alle, die kämpfend und ringend da und dort in der Arbeit stehen und oft müde und verzagt die Arme sinken lassen.

Aber sie wissen, da lebt eine in der Heimat – und in der Fülle ihrer täglichen Arbeit an vielen andern, die erst wachsen und reifen müssen, hat sie dennoch Zeit genug übrig zu stiller Sammlung in einsamen Stunden. Von ihrem Lehnsessel aus hebt sie betend die Hände empor, und sie sorgt, sie liebt, sie segnet aus der Ferne. Sie schreibt, und jedes Wort ist Ermunterung und weckt Freude. Matte Hände macht es schaffensfroh und bange Herzen lernen wieder vertrauen. Welche Kraft muß in dieser herrlichen Frau wohnen, daß sie so weit in die Ferne zu wirken vermag!

Ilse Ostholz weiß, daß sie ein Segen geworden ist für viele, und sie fühlt es, daß Gott noch mehr Arbeit und Verantwortung in ihre schwachen Hände legen will. Demütig harrt sie seinen Anweisungen.

»Wie reich hat mich Gott gemacht!« drängt es sich auch in dieser ernsten Stunde voll überströmendem Dank über ihre Lippen. »Wie wunderbar hat er mein Leben geformt, der herrliche Meister!« Nie mehr wird sie Grund haben, über ein inhaltloses Leben zu klagen. Auch wenn ihre treuen Eltern, die heute noch liebend und mithelfend die einzige Tochter umhegen, einmal nicht mehr sein werden – Ilse wird nie verlassen sein und unnütz ihre Tage zubringen. Gott hat ein köstliches Geschenk in ihre Hände gelegt, und mehr denn je brennt die Liebe zur Mission in ihrem Herzen, die Liebe zu den Heiden im fernen China, dem Land ihrer Sehnsucht, welches ihr Fuß nie betreten durfte und wo sie nun im Geist täglich geht mit all den Lieben, die an ihrer Statt hinausgegangen sind.

Die Kerze knistert; ein letztes Aufzucken, und sie ist erloschen.

Finsternis umhüllt die einsame Frau, die auch in dunkelster Abgeschiedenheit nie wirklich einsam ist. Ein Strahl von oben erhellt ihre in Gottes Willen ergebene Seele; wie von ferne her tönt es in ihr dankerfülltes Herz hinein: »Laß dir an meiner Gnade genügen; denn meine Kraft ist in den Schwachen mächtig.«

In der Reihe H (»Heimatlicht«) in der Edition C sind erschienen:

Kristina Roy, DREI KAMERADEN
Edition C, Nr. H 23, 120 Seiten
Margarethe von Oertzen, IN FRIEDEN
Edition C, Nr. H 24, 172 Seiten
Bertha Schmidt-Eller, HORST WESTERMANNS SENDUNG
Edition C, Nr. H 25, 160 Seiten
Helene Hübener, OLGA UND IHRE SCHWESTERN
Edition C, Nr. H 26, 296 Seiten
Kristina Roy, DER KNECHT
Edition C, Nr. H 27, 128 Seiten
Kristina Roy, GLÜCKLICHE MENSCHEN
Edition C, Nr. H 28, 64 Seiten
Helene Hübener, DIE NACHBARN
Edition C, Nr. H 29, 308 Seiten
Helene Hübener, NUR TREU
Edition C, Nr. H 30, 172 Seiten
F. A. Hoffmann, WENN WIEDER WEIHNACHTSROSEN BLÜHEN
Edition C, Nr. H 31, 112 Seiten
Charlotte Woerner, SPUREN IM AUSTRALISCHEN BUSCH
Edition C, Nr. H 32, 128 Seiten
Anna von Blomberg, BIS INS DRITTE UND VIERTE GLIED
Edition C, Nr. H 33, 168 Seiten
Kristina Roy, IN DER VERBANNUNG
Edition C, Nr. H 34, 96 Seiten
Margarete Lenk, IM FERNEN WESTEN
Edition C, Nr. H 35, 152 Seiten
Helene Hübener, IN DEN BERGEN
Edition C, Nr. H 36, 160 Seiten
Grace Livingston Hill, EIN AUSGEFALLENER PLAN
Edition C, Nr. H 37, 136 Seiten
Käthe Dorn, ADELES WANDLUNG
Edition C, Nr. H 38, 112 Seiten
Anna von Blomberg, EIN UNRUHIGES HERZ
Edition C, Nr. H 39, 256 Seiten
Otto Kägi, LONDONER SPATZEN
Edition C, Nr. H 40, 64 Seiten
Gerda von Kries, DAS GROSSE HEIMWEH
Edition C, Nr. H 41, 64 Seiten
Elisabeth von Maltzahn, WENN ICH IHN NICHT HABE . . .
Edition C, Nr. H 42, 96 Seiten
Amy le Feuvre, CAROLAS REICHTUM
Edition C, Nr. H 43, 124 Seiten
Margarete Kühne, GOTT SEGNET ANDERS
Edition C, Nr. H 44, 64 Seiten

Weitere Titel in Vorbereitung